# 与青春对话 向未来出发

## ——哈尔滨工程大学材料化工专业学生求职求学故事汇

主　编　刘志军
副主编　李　阳

哈尔滨工程大学出版社
Harbin Engineering University Press

## 内容简介

近年来，读研已经成为大部分本科生毕业的首选。但读研只是将就业时间推迟，完成研究生教育培养后，仍然需要面对找工作这个现实问题。本书汇集了哈尔滨工程大学材料化工专业学生求职求学经典案例53篇：求职故事篇主要介绍了同学们在求职过程中的准备、经历及体悟；求学故事篇主要介绍了同学们在保研、考研乃至申博过程中的经验和做法，以期为被同样问题困扰的学生提供借鉴和参考。

**图书在版编目(CIP)数据**

与青春对话 向未来出发：哈尔滨工程大学材料化工专业学生求职求学故事汇 / 刘志军主编. —哈尔滨：哈尔滨工程大学出版社，2019.12
ISBN 978-7-5661-2617-7

Ⅰ. ①与… Ⅱ. ①刘… Ⅲ. ①大学生-职业选择 Ⅳ. ①G647.38

中国版本图书馆CIP数据核字(2019)第301205号

**选题策划** 张林峰
**责任编辑** 张植朴 张如意
**封面设计** 李海波

---

**出版发行** 哈尔滨工程大学出版社
**社　　址** 哈尔滨市南岗区南通大街145号
**邮政编码** 150001
**发行电话** 0451-82519328
**传　　真** 0451-82519699
**经　　销** 新华书店
**印　　刷** 哈尔滨市石桥印务有限公司
**开　　本** 787 mm×1 092 mm 1/16
**印　　张** 8.75
**字　　数** 224千字
**版　　次** 2019年12月第1版
**印　　次** 2019年12月第1次印刷
**定　　价** 30.00元
http://www.hrbeupress.com
E-mail:heupress@hrbeu.edu.cn

**主　　编**

刘志军

**副主编**

李　阳

**编　　委**

张金臣　黄　金　贾舜喆

赵永峰　阿里木江·阿布都力米提

# 前　言

2019 年，伴随着国内 GDP 增速的放缓，我国高校毕业生人数却达到了 834 万人，再次刷新纪录。面对日趋严峻的就业形势，越来越多的本科生选择继续深造来延缓就业压力、提升就业竞争力和谋求更好的就业机会，这也导致了近两年研究生报考人数年增 50 万人以上，2020 年研究生考试报名人数更是达到 341 万，再创历史新高。可以说，读研已经成为大部分本科生毕业的首选。但读研只是将就业时间推迟，完成研究生教育培养后，仍然需要面对找工作这个现实问题，逃避不了、回避不掉。以本人所在的学院（哈尔滨工程大学材料科学与化学工程学院）为例，大四学生中选择继续读研的比例已超 85%，硕士研究生成了就业的主力军。

无论是读研还是找工作，一届一届的学生都会面临着同样的问题，他们的相关经验经历几乎为零，面对这些问题怎么样才能做出最优的选择呢？在为同学们举办求职求学经验分享活动中，我受到了启发，为什么不把这么多好的经验与经历收集并记载下来，编撰成书，供有需求的同学学习借鉴，发挥朋辈引领作用呢？为此，我们学生工作团队历时两年，从学院两届毕业生中选取 111 篇求职求学典型案例，后经整理筛选最终选取 53 篇成书。这 53 篇故事都是由学院学生根据亲身经历所写，这 53 名学生中有一些是我熟悉的，亲自给他们做过求职、考研、保研指导，也有一些同学是我不熟悉的，但却有着宝贵的经验供大家借鉴。

本书主要分求职和求学两个部分。求职部分汇集的都是我院研究生在求职过程中的做法、经历及体悟，以故事的形式讲述，根据具体内容求职故事篇分为目标决策篇、女生求职篇和求职基本方法篇，每一个故事都选取最具代表性的案例以期与读者产生共鸣，我院学生用实际行动证明了只要有目标、求职方法得当，像华为这样的知名世界百强企业，咱一样进得去；像女生求职篇，从工科女生的视角展现新时代女研究生求职路上的自立与自信；而一些成绩不是特别突出、表达能力不强的学生如何能够在简历筛选、面试中脱颖而出？书中都会找到相应的案例可供借鉴。

求学故事部分面向有保研、考研及申博意向的学生。对于本科生而言，读研的主要渠道分为保研和考研两种。保研自然是大家最想走的“捷径”，然而保研并不是一朝一夕的事情，而是一场需要高度自律的“持久战”，良好的学习成绩是其最基本的要求，在最后的冲刺阶段，还要清楚保研流程、进行院校与导师的抉择、参加保研夏令营等。考研是大多数本科生读研的主渠道，部分同学会在大三的时候就开始着手准备考研，但无论启动早晚，首先都需要明确一些问题：报考本校还是外校？是考本专业还是跨专业？应该如何备考？这些内容书中都有详细的介绍。求学故事篇还特别邀请了几名申博成功的硕士研究生分享他们成功的申博故事。“宝剑锋从磨砺出，梅花香自苦寒来”，无论是保研、考研，还是申博，只要目标明确、态度端正、坚持不懈，梦想总是可以实现的。

在每个求职、求学故事的后面，都附上了编者评语，主要是想让同学们在阅读之余还能有一些总结。为了使这些故事更加贴近大家学习生活，尽管进行了多次修改，但仍然保留了讲故事人的鲜活话语，希望达到阅读此书宛如与他们一起对话交流的效果，书中难免存在不妥之处，敬请大家批评指正。

编　者
2019 年 10 月 23 日

# 目　　录

# 第1章　求职故事篇

世事洞明皆学问，人情练达即文章。找工作这件事对于经历过高考、考研历练的大学生朋友来说看似简单，实际上却是存在诸多学问：从求职前的简历制作、招聘信息的收集，到求职中简历投递、笔试、面试，到最后录用，都需要做大量的准备。

本章共收录了23篇我院硕士研究生求职的故事，主要分为目标决策、女生求职和求职基本方法三篇。希望通过分享师兄师姐们的励志求职故事可以让同学们在求职这条道路上少走一些弯路、多长一些经验，迅速从一个求职新人转变为一名求职达人。

## 1.1　目标决策篇

### 目标明确的求职

**个人简介**

杨晓珊，女，2016级材料科学与工程专业硕士研究生；签约单位：中国工程物理研究院（简称中物院）；地点：四川省成都市。

我是哈尔滨工程大学（简称哈工程）2019届材料科学与化学工程学院的硕士研究生杨晓珊，于2018年12月签约中国工程物理研究院材料研究所（简称材料所）。中国工程物理研究院是国家科研计划单列的中国唯一的核武器研制生产单位，是以发展国防尖端科学技术为主的集理论、实验、设计、生产为一体的综合性研究院。

关于求职，我认为首先是目标要明确。自开始研究生阶段学习以来，我一直在思考以后的就业方向，是去一线城市还是回家？是去国企还是私企？经过长时间的纠结和与父母的商讨后，在研二的夏天，我终于下定决心要回到四川工作，主要求职方向是央企和国企。因此在研二下学期开始，我通过亲朋好友了解了四川省内大型的央企、国企及科研院所的招聘信息，列出了主要的准备方向。了解各单位的用人需求，尽量往招聘要求上靠拢。也就是前期已经下定决心和做好目标单位清单，使我在2018年9月、10月招聘黄金季节没有迷失方向。

在确定初步求职目标后，为了进一步了解目标单位和增加同目标单位接触的机会，2018年5月我开始了解目标单位是否有夏令营或社会实践活动。通过校园宣讲，得知中物院将会开展暑期实践活动，同时也是提前批次面试，我向中物院下属的几个研究所投递了简历，但是由于要求较高及人数较多，我并没有收到邀请。本以为没有参加此次实践活动的希望了，但是却意外从材料科学与化学工程学院（简称材化学院）得知中物院材料所即将来我们学校宣讲，此次宣讲多数是针对材化学院的学生，因此我心中又重新点燃了希望。在现场与材料所人事部门的刘老师进行交流后，因为家庭所在地的优势，我终于收到了中物院暑期实践活动邀请函。随后我开始准备面试所需的简历、PPT 等材料。2018 年 7 月中旬，我在四川省江油市参加社会实践活动和面试，此次面试对于我后期找工作的心态有极大的锻炼（非常感谢材化学院和材料所给我这个机会）。除了中物院外，我还收到了京东方（成都）夏令营活动和中航发成发暑期开放日活动的邀请，但由于时间冲突，最后我选择参加京东方的夏令营。7 月整整一个月，我都在四川奔波，在高温中暑的煎熬中、在暴雨洪水的拍打下，我从来没有抱怨，反而觉得这一切都是值得的，或许心中的目标不是一定要取得什么结果，而是在这个过程中让自己充分得到锻炼。在这两项活动中，我切身实地地感受工作条件、氛围，以及了解材料专业知识与实际生产应用的关系。不仅增长了面试经验和扩展了眼界，而且有机会能和用人单位面对面沟通，明确单位需求，确定自己想要做什么工作，以至于后期面对纷纷而至的招聘单位没有迷茫和纠结。



2018 年 8 月返校后，我随即开始准备简历和网申。根据前几届师兄师姐的经验，我的简历制作主要分为以下几个方面：①不同岗位：如研发类突出科研能力、技术类突出动手实践能力、市场类突出团队协作与沟通能力等；②企业类别：科研院所突出科研成果与项目经历、私企突出综合能力等；③研究方向：按照岗位需求适当调整简历中的研究内容。因此，我准备了不同版本的简历，同时还有自我介绍（中、英）、优缺点、自身能力、英语口语等几个面试中可能会接触到的问题。在这里分享一个失败的经历，很多公司七八月就开始网申，我 8 月初网申了英特尔公司的校园招聘，但是没想到两天后临时接到电话面试，因为还没有准备好，我的表现较差，失去了现场面试的机会。因此我建议较早地准备面试和英语口语，多学习面试经验教程并时刻关注招聘信息。

进入 2018 年 9 月招聘黄金月后，我多次奔波在很多双选会、宣讲会活动中，但一刻也没有忘记自己的初心。最初我在网站、双选会和宣讲会上多次投递简历，并不是说真的想去，而是为了增加自己的面试经验，提升自己的阅历，见识各类公司的招聘流程。首先我在学校就业网上和哈尔滨工业大学（简称哈工大）就业信息网上筛选材料相关专业的招聘信息，向相关企业进行投递，感兴趣的企业我选择去现场，但是一旦我的目标企业出现时，我必然充分准备简历、证书等材料，到现场看是否有机会当面交流。因此记忆中除了广泛参加各类各地企业的宣讲等，还参加了四川省内涉及材料专业的央企和国企，如中国航天科工七院（简称航天七院）、中国核动力研究设计院（简称核动力院）、中国工程物理研究院（简称中物院）、哈尔滨九洲电气股份有限公司（简称九洲电气）、中国航空工业集团有限公司（简称中航工业）下属单位、中国航天科工集团有限公司（简称航天科工）等的面试，并在现场投递过简历并进行交流。印象中最深刻的一次面试是参加成飞的面试，这一次面试前我并没有特意准备，只是抱着试一试的心态，却没想到就是因为心态的放松得到了意外的结果。第一场面试是无领导小组讨论，因为早前有训练和准备，讨论的过程中并没有较大的困难。我认为如果对论题没有较大的把握可以选择不做领导者，而是讨论的推动者，也会给面试官留下较好的印象。第二轮是专家面试，很幸运能遇见专业领域的专家，不需要不懂装懂，只需要很诚实地发表自己的见解，和专家面对面交流，让专家感受到诚意即可。第三轮是综合面试，面试官主要考察交流与逻辑思维等综合能力，因为心态的放松，现场面试还是表达流畅有逻辑的。我觉得在面试的过程中，首先要自信，用眼神和面试官进行交流，在进行表述时可以加上一些手势，但不要太夸张。其次综合面试多有一些私人问题，一定要突出自己的优势，如个人特征、家庭地理优势、稳定性等，会给自己加分。最后一定要向面试官表示感谢。

或许在别人眼中，我们大都是顺利的，但其实我们都明白这两个月的煎熬与压力是巨大的。因为不确定第一就业目标的中物院能否发出录取通知(offer)，所以我尽量做到万全的准备。2018 年 9 月 20 日左右，我与第三的就业目标的单位签订就业协议，是因为担心不能拿到中物院的 offer，有个保底的单位，尽管如此也达到了自己的预期。然而就在 9 月底时收到了第二就业目标单位的邀请到成都面试，我打听后得知，如果该单位发出通知面试，就有百分之八十的意愿与面试者签约。此时我与家人商量再商量，和师兄讨论再讨论，并不想失去这个工作机会，但是同时我也在等待第一目标单位的消息。那两天我无法抉择，身边的人以为我的工作单位早已确定，并不知道我心中的焦虑。最后经过慎重考虑，我决定放弃面试，为第一目标单位赌上一次。现在回头再看看那段日子，真是感慨万千。很多科研院所的招聘进行得非常晚，真是磨坏了我们这些应届毕业生的小心脏。好在最终我是幸运的，在此也非常感谢找工作期间给予我帮助的各方领导、老师、师兄师姐，以及和我一起奋战在招聘季的小伙伴们。

人生道路千万条，我们此刻就站在那个节点上，只要我们心中有方向，背包有知识储备，就大胆地出发吧。



**编者评语**

大多数人钟情的工作一定是好工作，大多数人选择的一定没错。但我们要寻找适合自身特点的工作机会。在求职时，我们应提前对自己的职业生涯有所规划，向着目标努力奋斗。不是没有目标就不可以找工作，只是没有目标会活得很累。因为目标从某种程度上对我们来说是动力，没有动力的人不会轻松。明确的求职目标能够让人明确方向，提升动力；但是错误的、不合理的目标有时候也会让求职者错误地估算成本和时间，久而久之，信心就会受到打击，行动力就会下降。所以要理性认识自己，合理树立目标。

## 家乡的求职体验

**个人简介：**

苏鸿全，男，2016 级材料科学与工程专业硕士研究生；签约单位：中车长春轨道客车股份有限公司；地点：吉林省长春市。

在我看来，硕士毕业生的归宿一般来说就是工作和读博，工作又分为去企业工作和去研究所工作，我自身学术钻研能力一般，没有读博的想法，所以很早就决定找工作，又因为自己性格比较开朗，印象中的研究所工作氛围比较沉闷，所以决定去企业工作。

我的家乡在吉林省长春市，因为自身和家庭因素，工作城市被我限定在了长春。工作城市和工作性质一旦定了下来，招聘信息就很好筛选了，因为好的企业就那么几家，所以我认为找工作确定工作地点和工作性质很重要，很多人对工作城市或者工作性质没有太多要求，导致求职过程中招聘信息太多、选择性太大，我觉得这样不好，至少不适合我。

在确定了这两项之后，我通过网上调研和向朋友咨询确定了位于长春的以下几家企业：①一汽集团；②中车长客；③大唐电力；④大陆电子。我本科毕业于吉林大学，大学所在地就是长春，有很多同学毕业就留在了长春工作，这四家企业都有我的同学在其中工作，这极大方便了我对各个企业的了解和筛选。通过向同学和朋友咨询，我全方位地了解了公司的企业文化、招聘岗位、薪资待遇、工作环境、升职空间及招聘需求。综合考虑之后，我决定应聘一汽大众和中车长客这两家企业。



于是我就向这两家企业投递了简历，我的简历包括个人简介、教育背景、奖励情况、学生工作、社会实践、科研经历、素质技能及自我评价这些部分。我觉得简历内容要精简，并不是内容越丰富越好，要突出重点，而不应一成不变，可以根据应聘的企业不同，依据其企业文化，以及招聘需求进行针对性制作，但是内容要保证绝对的真实。当然，任何企业对你的学习成绩和学生工作都是非常感兴趣的，学习成绩主要体现在奖励情况里，多次获得奖学金会为简历增彩不少。学生工作也很重要，这里可以体现出自己的个人能力，尤其是要应聘人事方面的工作。身为班干部、学生会干部、党支部干部都是学生工作得到认可的一种体现，尤其是大型国企，平时有一些党务工作，对党员会优先考虑，身为党员本身就是修养、素质的体现。至于社会实践和科研经历就可以因企业而异了，在向大众投递的简历中我重点突出了我在一汽各个厂里参观实习的经历和实习期间的工作。素质技能方面，英语六级很重要，好一些的企业都有硬性要求，至于其他技能，因为我本科专业是材料成型机控制工程，对二维三维制图的多种软件都比较了解，而我应聘的车企也正需要这些技能，这就具备了一定优势，面试中对这方面的问题回答起来也比较容易。

说到面试，我觉得我的第一次经历是失败的，因为我有意向的企业只有两家，所以我只投了两份简历，本科毕业时也没有找工作的经验，我最想去的企业一汽大众的面试成了我的面试首秀，准备得很不充分，而且因为是第一次参加面试，平时开朗健谈的我紧张了，导致发挥得很不好，应聘自然而然失败了。我觉得我应该再多投几份简历，不论去不去，也能增长一些面试经验，这很重要。我记得学院曾经组织过一次无领导小组讨论，当时因为实验比较忙，并没有参加，现在想来这种机会很难得，也希望学院今后能多为大家提供这种机会。因为第一次的失利，我在面试中车长客时做了很多准备工作，主要是针对企业文化、招聘需求，我准备了英文版的自我介绍和对企业的认识，对我应聘的工程师岗位的日常工作和技能需求也进行了了解。因为我的课题与材料的失效分析有一定的关联，我重点复习了一些知识，并且花时间重新熟悉了一下以前学过的制图软件的操作，在面试中都用到了。面试官看过我的简历后，因为我的成绩还算优异，学生工作、社会实践和科研经历也比较充实，在我进行了英文自我介绍之后，问我为什么选择长春，选择中国长客这家企业，我回答：因为长春是我的家乡，我并不想离开家乡去异地工作，中车长春轨道客车股份有限公司是中国高端装备制造业的代表，被习近平总书记称为中国装备制造业的亮丽名片……我向面试官阐述了我想留在长春，以及我对中车长客的了解，对加入中车长客的渴望，因为事先准备充分，回答还算不错。然后面试官问我觉得自己有什么优势,对面试的职位有什么了解。我主要回答了在之前对工程师职位了解的信息,以及突出了我使用制图软件的熟练度。之后面试官对材料失效分析方面的专业知识及软件操作的一些基本知识对我进行了提问,我感觉我回答的还算不错。最后面试官让我等待通知。过了一段时间就收到了签三方的通知。

总的来说,我认为找工作应该先确定工作地点和工作性质,对有意向的企业做针对性调查和简历制作,在面试想去的企业之前最好多积攒一些面试经验,面试过程中才能心态平稳,要对面试中可能遇到的问题做好充足的准备。

**编者评语**

千淘万漉虽辛苦,吹尽狂沙始到金。找工作的过程既需要自身的能力,也需要有足够的耐心,首先要确定工作地点和工作内容,然后对有意向的企业做针对性调查,核心部分要在简历中重点凸显,在面试中意企业之前可以有选择性地参加几家面试,多积攒一些面试经验,并且对面试中可能遇到的问题提前做好充足的准备。这样,在后来的面试过程中心态能更加平稳,成功率也会大大提高。



## 这份秘籍送给专硕的你

**个人简介**

于敞,男,2016 级材料科学与工程专业硕士研究生;签约单位:中兴通讯股份有限公司(简称中兴,中兴通讯);地点:广东省深圳市。

作为一名专业型硕士,在研二上学期就要面临找工作,所以时间还是比较紧的,我大约是从 2018 年 6 月份开始关注招聘信息,7 月份去了一趟潮州三环集团实习了一周,之后 8 月份开始正式大批量地投递简历,从 8 月下旬开始,一直到 9 月 20 日左右签约,用了近一个月的时间就完成了签约工作,其中一共拿到了两个 offer,一个是中兴,另一个是上海的华虹半导体,最终签了中兴,还算是一个比较不错的结果吧。

接下来讲一下找工作的具体经历,一般来说,比较知名的企业,像华为技术有限公司(简称华为)、腾讯计算机系统有限公司(简称腾讯)、网易公司、阿里巴巴网络技术有限公司、北京百度网讯科技有限公司(简称百度)等,一般从 7 月份就开始校招了,但是这些企业招聘的战线比较长,一般都是分提前批和正式校招,这些大企业我当时几乎都投了,但是专业相关性太小,所以只能投产品策划、运营之类的岗位,最终很少有收到面试的。但是还是建议大家都投一投这些大企业,说不定能进去。从 9 月初开始,各个高校的招聘会就开始了,哈工程每天都会有好多场宣讲会,哈工大会更多,在这里提一下,大家可以多关注一下哈工大就业信息网,因为那里的企业实力要更强一些,可以多去参加一下哈工大的宣讲会。我从 2018 年 9 月份开始就进入全力找工作的状态,那时候打印了 10 多份简历,和所有的证书之类的都随身带着,有宣讲会的话一般都去转转，然后回宿舍继续投简历做测评，每天晚上都会弄得比较晚。值得注意的是，招聘季第一个 offer 很重要，如果拿到一个 offer 心里就会很托底，不然心里就会很慌。

在 9 月初的时候航天科工、中国航天科技集团有限公司（简称航天科技）、中航工业、中国兵器工业等大型的央企和国企都会来哈工程开招聘会，大家如果喜欢国企的话可以尽量投一投，这些企业一般来说工作都不是很累，而且待遇也还可以，比较适合喜欢安逸一点的同学，或者是想回到自己家乡工作的同学，就 2018 年来看，这些企业一般不需要做测评或者笔试，通常在简历通过筛选之后就会邀请你进行面试，所以应聘流程还是比较简单的。

但是 2018 年存在一个情况，就是很多企业都要求大家在通过简历筛选之后去企业所在地面试，所以这个也为大家增添了一定的难度，我当时就收到北京和大连的两个研究所的面试邀约，虽然报销往返路费，但是考虑到时间太紧所以都放弃了。这里也为大家提一个建议，就是如果不是特别喜欢的研究所或单位，不要随意地投简历，不然反倒浪费时间，因为招聘季你的手机和邮箱每天都会接到大量的求职信息，所以尽量提升有效信息的获取对于求职还是挺重要的。



这里还有一个需要注意的问题，就是关于应聘企业的选择，我建议大家尽量在每天早上浏览一下哈工大还有哈工程就业信息网，提前了解一下近几天会有哪些企业来招聘，做一下重点关注，然后去搜索一下企业信息，如果感觉工资待遇合适的话，可以重点关注。因为从 2018 年来看，9 月初到 9 月中下旬是企业招聘的高峰期，每天都会有好多优秀企业来到哈尔滨招聘，这时候一定要有所选择，切记不要满天撒网，因为大家的时间和精力都是有限的，很有可能遇到一天要赶几个面试的情况，或者是面试时间"撞车"，这时候就要有所舍弃，对于重点企业重点关注。

说一下简历制作，在这里我建议大家可以多做几个类型的简历，比如大致可以分为销售类、研发类、管理类等，针对不同的岗位类型可以制订相应的简历，比如对于销售类、管理类的岗位大家可以重点介绍自己的社团经历和任职经历，以及校内校外的社会实践活动，这样可以让面试官更加直观地了解你，增加求职成功率，对于研发类岗位则要重点介绍自己的科研项目、文章专利等内容，这样都可以为自己加分。简历制作的盲区就是不要一个简历走天下，因为不同的岗位对于你本身的综合素质考察点是不同的，面试官在筛选简历时会着重考察你与应聘岗位的契合程度，所以我们要呈现给面试官的就是"我与这个岗位很匹配"，这里面还有一个比较重要的就是切记不要随意夸大自己，不然面试的时候可能会被戳穿，这就比较尴尬了。

接下来说一下面试细节，在 2018 年的面试过程中，通常都是第一面是专业面，之后第二面可能是专业主管面，第三面可能就是人力资源（HR）面了，部分企业可能会有多轮面试，这里个人感觉最重要的就是专业主管面，因为这两轮面试通常也是刷人最多的两轮。因此，对于所投递的岗位自己一定要心中有数，并且多查一查这个岗位可能涉及的专业知识和内容，以及企业的情况，面试官通常都会问的问题包括项目经历、科研经历、毕业论文的大致内容、家庭情况、对我们企业的了解程度，以及对于就业城市和地点是否有倾向性，针对这些问题建议大家尽量实事求是地回答就可以，切记不要冷场！从 2018 年来看，感觉好多企业都喜欢让我们来向他们提问，可能他们考察的是我们的思维及对于这个岗位的关注程度，这里建议大家在面试前可以多想几个有深度的问题，这样才能让面试官更容易认可你，增加成功率。

再说一下签约的事情，大家在通过所有的笔试和面试之后，就会到 offer 沟通阶段，这时大家可以大胆地对应聘的岗位和薪资进行提问，通常面试官会尽可能地劝说你尽快签约，并罗列他们企业的好处，如果大家感觉工资待遇还可以，那么就可以大胆签约，如果感觉不是很满意，那么可以先拖一拖，因为三方协议通常只有一份，以后如果想毁约的话需要拿违约金，而且时间一般也比较长，所以建议能签两方先签两方，签署三方协议一定要慎重。

我个人感觉找工作是一项既费体力又费精力的事情，所以建议大家在找工作的时候一定要将心态放平和，可以给自己一定的压力，但也不要过于紧张，尽量做到有张有弛，因为每场笔试和面试神经都要高度紧张。这个过程特别耗费体力，所以我建议大家在没有特别中意的企业招聘的时候，可以适当地休息或放松一下，给自己一点喘息的时间，这样才能更好地准备下一场笔试或者面试。

我始终认为找工作是为自己规划未来的一次重要里程碑，所以建议大家在校招季开始前一定要考虑好，就是自己究竟想要什么样的生活，以及自己在未来十年的一个大致规划。因为第一份工作将对个人发展和未来具有极其重要的影响，无论是以后跳槽还是继续深造，这份工作都将成为你简历中不可磨灭的痕迹，所以就业选择务必慎之又慎！

最后祝福即将找工作的同学们，以梦为马，不负韶华！在校园招聘中都能找到自己非常满意的工作！



**编者评语**

求职者的求职心态对其找到工作有着至关重要的作用。人们时常把当今的世界称为竞争的时代，大到国与国之间的对抗，小到人与人之间的竞争。竞争冲击着人们的事业和生活，冲击着人们的意识和思想，在求职择业上亦是如此。如果在激烈的竞争中，没有乐观向上的拼搏精神及强烈的进取欲望，是很难获得成功的。相反，如果您是一位乐观向上、积极进取的求职者，总是能把每一个面试机会看成是千载难逢的好机会，可遇而不可求，新的成功则在向您招手。

## 无心插柳柳成荫

**个人简介**

张金宇，男，2016 级化学工程与技术专业硕士研究生；签约单位：中国原子能科学研究院；地点：北京市。

研三上学期我参加了校园秋招，收获了一份还算满意的工作，现在讲讲我的求职过程。之前每年秋招我都会关注，有机会也会去双选会和宣讲会走一走，提前了解了都会有哪些单位来本校、各企业的特点、各单位的薪资待遇情况等。而这次秋招我从一个旁观者变成了参与者，还是有一定压力的。

找工作前我先明确了自己的就业意向，我个人比较偏向那种相对稳定的，不会频繁加班和倒班的工作，最好离家近一点。明确了这些以后，我在找工作的过程中便有了重点，重点应聘那些省内或者周边县市的国企央企，当然其他地方其他类型的企业也会投递简历并应聘，就算不是心仪企业，也可以通过招聘或面试过程积累应聘的经验，如果拿到了 offer 也可以作为备选。

跑宣讲会双选会之前，除了简历外，还要把各种证书、奖状和成绩单的原件和复印件准备好，很多 HR 在投递简历时都会索要成绩单等。每年秋招，一大批好单位在哈尔滨只有哈工大一站，所以不要仅限于本校的招聘会，还要多关注哈工大的招聘会，有心仪的单位就跑一趟。事实上，每年秋招很多同学都是两边跑着找工作的。



除了线下的招聘会外，还要多多网投，有的企业只接受网投，不接受纸质版简历，秋招正式开始前的提前批招聘，很多互联网企业全部靠网投搜集简历。我投了华为、小米科技有限责任公司（简称小米）等企业，由于专业关联度不大，投递之后没有音讯，面试过的其实不多，印象最深的应该是宁德新能源科技有限公司（ATL）了。ATL 的面试很正式，一对一面试，大家都穿正装，由于 ATL 是锂电方面的全国龙头企业，面试官非常看重项目经历和课题情况，关于我课题研究中的细节问了很多，包括研究中遇到的困难及解决方法，研究过程中用到的研究方法。我觉得自己可能在某些方面的回答不是太好，面试后没有接到后续通知。但是这次面试让我对面试过程有了初步了解，积累了一定的面试经验。后来吉利汽车也给了群面通知，但是不是我申请的技术岗，而是营销岗，因此没有去应试。

由于我的就业意向已经明确了，因此我的求职重点是北方的国企央企。航天科工、航天科技、中国航空工业集团有限公司（简称航空工业）、中国中车集团有限公司（简称中国中车）、中国船舶重工集团有限公司（简称中船重工）、中国船舶工业集团有限公司（简称中船工业）和中国核工业集团有限公司（简称中核集团）的双选会我都参与了，向航天科工和航天科技投了几家材料和化工相关的单位，但都没有后续了，我调整了一下心态继续后续的双选会。千万不要被几次的失利破坏掉信心，导致不敢投好单位了。

直到中船重工的双选会，情况有了转机。由于哈工程是船舶和海洋方面的强校，因此船舶行业的企业比较青睐哈工程的毕业生，我投了专业相关度最高的淄博火炬和保定风帆，均当场表示可以签，但是我保持观望的态度决定再比较一下，毕竟找工作是一件大事不能草率。双选会期间我主要投递了青岛双瑞，青岛双瑞属于中船重工第 725 研究所，船舶压载水、金属电化学防腐、船舶废气处理、电解水制氯处于国内领先水平，而且也比较贴近我的电化学方向，工作地点也是我心仪的城市——青岛市，因此我准备得比较充分，面试官也问了比较多的课题情况，针对我简历上担任过的党务工作中心组织部部长，面试官还详细询问了我院发展党员的流程和情况，询问了我参加过的国际会议的情况，甚至还问到了本科学习过的腐蚀电化学方面的知识。因此我认识到了简历必须真实，如果有一点造假，在与面试官交流的过程中很容易被揭穿。

双选会结束后，青岛北海船舶重工也向我发来了签约邀请，而我比较青睐的青岛双瑞发来了面试邀请，由于双选会已经进行了详细的交流，所以面试过程比较简单，只是确认基本信息和查看成绩单等证书，面试结束后，就是签约环节。由于当时学校的就业协议还没发下来，所以公司准备了自己拟定的两方就业协议，没有学校这一方，上面有 725 研究所的公章，还需要双方签字方可生效，和父母商量后，我签下了这份工作。

签完工作后，我找工作的压力小了许多，我打算继续关注校招投递简历，如果感觉是差不多类型和待遇的工作就不再应聘了，但如果还有更合适的工作机会和我更喜欢的单位，我就继续应聘，毕竟三方还没有签。于是，在接下来的双选会中我继续投递了中航工业和中国中车的几家单位，均没有特别合适的岗位。中核集团来得比较晚，宣讲会过后的双选会上，我投递了中国核动力研究设计院（简称核动力院）和中国原子能科学研究院（简称原子能院），其中，核动力院的老师与我谈了许多，主要是了解我的基本情况和意愿。原子能院来的老师是人力方面的，对专业方向不是特别了解，收到我的简历后，她表示没有特别对口的方向，询问我简历是否想留到她那里一份，我觉得虽然没有合适的方向，但是投一份也没什么关系，没想到就是这次的无心插柳，却促成了我最终签约的工作。因此，我觉得找工作投递简历的时候千万不要心疼简历的钱而不想大规模地去投递，只要专业方向稍微贴近一点的，就要试着投递一下，说不定 HR 就是看中了你的某些优势而对专业方向的要求适当放宽。



2018 年 9 月中旬，核动力院发来了面试邀请，是去成都本部的面试，恰好上一届有个师兄在这个单位，于是向其咨询了有关情况，确实是一个很不错的单位，最后和父母商量后还是觉得离家太远，工作环境一般，决定放弃了这次面试。之后不久，没有预料到的是之前无意投的原子能院发来了面试邀请，面试地点是北京本部，这令我十分兴奋，因为这跟我的就业意愿十分符合，而且单位有化学专业的博士点，如果想继续深造，还可以在单位读博，因此我十分珍惜这次机会，在面试前的几天里，我阅读了数篇原子能院发表过的文章，好初步了解一下他们的主要研究方向，以备面试时被问到相关的专业知识，正所谓知己知彼，百战不殆！为了给面试官留下一个好印象，我还去理了发，买了一套得体的西装，准备了中英文自我介绍，还把简历证书等多打印了几份，准备充分。面试那天我办理了进门证后进了原子能院院内，原子能院很大，我收到的是放射化学研究所（简称放化所）的面试邀请，根据地图找到放化所后，还有几位来自全国各地高校的同学也在等待面试，我被安排到了第一个面试，在一个大会议室里，大概有七八个老师面试我一个人，做完自我介绍后，每个老师都会提几个问题，主要是针对我的研究课题，有的老师问得比较细。我卡在了一个与课题相关的问题上，当尝试着回答的答案被老师否定后，我当时有一点慌，最后跟老师实事求是地说了我不太清楚，因为在座的都是学术方面具有很高水平的教授和研究员，我很清楚我是不可能敷衍过去的。随后还有几个老师询问了我修读双学位的相关情况和我对放射性工作的接受情况，最后允许我向面试官提几个问题，我提问过读博问题和晋升问题后结束了面试，当天下午我接到了面试通过的消息，心里终于舒了一口气。但是接下来还有网上的测评，题目类型类似于考公务员的行测，回到学校我又恶补了一天行测知识，加上同学在旁边帮忙，我才敢点开测评去答题。终于经过这一关关的考验，到了签约的环节，签完后过了一阵子又跑了趟北京进行了入职前体检，我的求职才算告一段落。

至于第一份签了两方协议的工作，我委婉地拒绝了，违约金方面只要单位索要我就会支付。其实从我找的这两份工作来看，不管是 HR 还是面试官都是特别平易近人。很感谢这些老师，让我有了一段愉快的找工作的经历。最后，我根据找工作的经历，总结出了几个字：自信、真诚、勇敢、勤劳。解读一下就是以一个自信的状态真诚地去面对每一场面试，勤劳而又勇敢地为自己的未来而奔波。祝将来毕业的师弟师妹们都能找到自己理想的工作！

**编者评语**

生活就是这样，无心插柳柳成荫，不强求，不争不抢，到达的才是你的世界。张金宇无意间投递的简历促成了此次找工作。大多数人所做的工作都不是自己最想做的，但大多数人所做的工作其实和想做的工作是有交集的，即验证“所做的都是有意义的”。我们常常迷茫，不知自己到底适合做什么，或者笃定我就应该做 A 这件事情，但最终我们还是没想明白或者做了与 A 相关的一件事情 B。也许，最终的职业却是与 A、B 有关的 C。只有实际操作后，才知道哪个最适合自己。起点不是终点。

## 选择困难症的择业之旅

**个人简介**

祝文娜，女，2017 级材料科学与工程专业硕士研究生；签约单位：潮州三环（集团）股份有限公司（简称潮州三环）；地点：广东省潮州市。

应邀写这篇文章，简单介绍一下我的情况，给大家做参考。

我本科也曾经尝试过找工作，奈何我的专业是一个全班只有个位数女生的专业——冶金工程。找工作的时候，同班女生要么考研，要么转专业，或者选择当老师，没有找本专业相关工作的。感受到了找工作的艰辛后，我也加入考研的洪流中，考到了哈尔滨工程大学材料科学与工程专业。由于是专硕，时间真的过得非常快，转眼就到了秋招。我也经历了非常多次的挑选和预备挑选，作为一个选择困难症“患者”，我在山东潍坊的歌尔声学与广东潮州三环之间经历了艰难的选择，最终权衡利弊，签了广东潮州三环，还算比较满意。

说一下我的前期准备，2019 年各个公司的校园招聘活动时间来得很早，所谓金九银十，很多公司甚至在 9 月初就进行了校园宣讲，这就迫使毕业生要尽量早地做好应聘的准备。以我 9 月前两周的狼狈经历为例，暑假期间我一直以为校园招聘会会从 9 月下旬开始，因此一直没有很认真地对自己的简历进行设计。等到 9 月时才发现很多公司的校园招聘已经开始，只能仓促做好一份简历，硬着头皮去参加各种招聘会，结果不言而喻。两周的时间内，看着同学们收到一份份面试通知，有的甚至很快拿到 offer，而我的简历却石沉大海，心里的压力可想而知。长时间海投简历而没有收到回复让我意识到了，确实是我的简历存在一些问题，通过对比那些总是能很快得到回应的同学的简历，我对自己的简历进行了一次彻底的修改。终于，在投出重新修改的简历后，我开始收到了一些公司的面试通知。这是第一个要与大家分享的经验：一份优秀的简历是你迈向应聘成功的第一步。对于招聘企业来说，在校园招聘的过程中一天要收到大量的简历，对于每份简历的审阅过程可能就是短短的几十秒钟，怎样在这短短的几十秒中抓住 HR 的眼睛，让其为自己的简历投注更多的目光，这是一个应聘者在撰写简历时必须要考虑到的。一份能够吸引 HR 的简历应该具备哪些要素呢？谈谈我的观点：我觉得简历要具有一定的针对性，要有突出点，要针对你所应聘的岗位突出展示自己能够胜任这份工作所具有的基础素质。例如应聘技术类岗位就要突出你的专业成绩、实践能力等，重点突出自己所参与的与应聘岗位相关的项目经验；如果是应聘销售类的工作，则应该突出你的沟通能力、人际交往能力，应该在简历上更多地展示自己的社会工作方面的经历。还有一个我个人的小技巧，就是把来自己学校的心仪的公司的宣讲会时间、简历投递情况、面试情况，以及每个公司网站总结起来做一个表格，方便自己随时观看，不然到时候很容易忘记哪些公司投了简历、哪些公司没投简历。

另外，找工作这方面一定要跟师兄师姐多取经，可以少走很多弯路。如果有师兄师姐在你想要去的公司就更好了。第一，就是你可以请师兄师姐帮你内推，会大大增加面试的机会。第二，你可以知晓公司薪资、工作环境等信息。第三，你可以获知 HR 面试时可能会提问的问题。这都是只听宣讲会你无法得到的东西。去潮州三环就是我有师兄在那里工作，对我帮助非常大。



因为自己是山东人，本来是倾向于在山东找工作，所以关注了歌尔股份有限公司（简称歌尔）、康佳、海尔、海信等。然后总结了实验室师兄师姐觉得好的企业，又加了京东方、潮州三环。同时也关注了格力、中兴、华为、联合利华等企业的宣讲会，校招时拿到了康佳的面试机会，并顺利经过三轮面试拿到 offer。最终面试的时候 HR 讲了大概的薪资待遇，之前咨询过实验室的师兄师姐，对应届生的工资待遇有了一定了解，康佳给的大概要低 30%，但当时我一心想先拿个 offer，所以并未提反对意见。后来发现工资过低，再想改变已经很难了，所以如果同学们在最终面时对 HR 提的薪资不满意一定要说，不然由于工资不满意，选择放弃前面的努力就白费了。格力也是拿到了 offer，但因为地区等其他原因推掉了。

潮州三环从参加宣讲会投简历到收到面试通知只花费了两三天的时间，宣讲会先介绍公司概况、职位、薪资标准、未来发展、公司宿舍周边环境设施等。有 10 分钟自由提问，然后进行 30 分钟笔试，提交简历，最后进行面试。就薪资来说，给予应届生的待遇感觉很好了。因为不同岗位面试需要分批进行，面试的时间把控得非常严格，一场两面，面试官四人，其中人力两位、技术两位，分别面试。我是先进行的技术面，然后技术面完直接进行人力面。自己简单介绍之后，人力会简单了解一些情况，技术会问你和项目有关的东西，其中会详细问你简历上的课题或者项目经历，会比较专业。还会问你一些细节问题。技术面来说两位 HR 可能是比较专业的原因，感觉比较严肃。人力面的两位小姐姐就非常温和，问的问题也没有什么难的。我们那场是中午面试完晚上接到录用通知。但是我是第二天又接到我报的那个部门的电话面试，说是我那个部门没有来人，需要再进行电话面试。问得比较详细，包括自己做的项目的创新性、优缺点，以及一些细节。总而言之，最后还是拿到了潮州三环的 offer。

接着是歌尔声学，起初歌尔来学校面试并未给我通知，但后来面试结束后，歌尔又打电话给了我面试机会，所以即使心仪的公司校招未给面试机会，也不要心急，因为可能之后还会有电话邀请的机会。

歌尔有两个电话面试，第一个是人力面，问了一些很基础的，比如想在歌尔的潍坊分区还是青岛分区，对薪资的要求等，比较简单。第二个是技术面，我当时报的是声学，应该是歌尔比较重要的一个部门，是歌尔声学部门（简称歌尔声学）一个经理类的前辈电话面试的，但是问的问题没有多难，只说我这个专业跟声学联系不是很大，如果要进来，学习的东西会非常多。

最后加了 HR 的微信，谈了谈薪资待遇，确定拿到 offer 之后，歌尔还专门有 HR 负责与我联系，我那个 HR 感觉特别负责，将歌尔的各种情况都对我仔细分析，讲了大半个小时，并且还有自己提问环节。所以我对于这个公司还是很有好感的，但我当时已经签了潮州三环，所以对于这两个公司我一直犹豫不决。一方面，歌尔声学在山东的工资水平还可以，但缺点是加班情况不确定，声学方向我并未涉及多少，不知道声学的前景如何。另一方面，潮州三环有我师兄在那里，工资及生活环境有竞争力。平时的工作生活问题都可以跟师兄咨询。但缺点是离家太远，单休，且对于南方的生活环境、饮食习惯都可能不适应。这两个工作的薪资三环比歌尔多 2000 元左右。后来考虑到潍坊虽然也在山东，但是离我家也要几个小时的火车，潮州三环虽然远，但是飞机也是很快可以到的，并且工作之后也没有很多时间回家。因此婉拒了歌尔，坚定地选择了潮州三环。



以上就是我的一点小经验，希望我这个选择困难症“患者”能带给大家一点点小启发。

**编者评语**

求职者接到了较多的 offer，有了选择的机会，经过权衡利弊后，最终选择离家较远的潮州三环。与离家较近的歌尔声学相比，祝文娜进行了详细的比较，条理清晰，有充足的理由支持自己的选择。这给选择困难症的同学提供了很好的例子，当犹豫不决时，可以把两家公司相关方面进行对比，选择两项作为重要指标进行挑选。金无足赤，人无完人。工作也一样，寻找最适合自己的，双向选择，遵从自己的内心。

## 学长的求职心语

**个人简介**

刘洪光，男，2016 级材料科学与工程专业硕士研究生；签约单位：华晨宝马汽车有限公司；地点：北京市。

我是来自材化学院 2016 级的刘洪光，导师是金国教授，在研究生期间所做的课题是等离子喷涂复合涂层。在秋招中签约华晨宝马汽车有限公司。以下是本人对于找工作的几点浅见，希望能对读到本文的读者略有启发。

在找工作之初，我个人认为最重要的一点是要明确自己想要的是什么，自己究竟想要从事什么样的工作、想要生活的城市、希望得到的薪资待遇等，一切找工作的前提都是在知道自己想要的是什么的基础上产生的。其实在找工作的过程中，如果知道自己想要的是什么，其他一切的经验都是浮云了。

谈到自己想要的是什么，可能很多人都很迷茫。本人对此有以下几点浅显的认识，希望能对看到本文的人略有帮助，起到抛砖引玉的作用。

当前中国的城市分布主要为一线城市、二线城市和三线城市。一线城市主要为北上广深。

集结全国的优质资源，集结全国各领域最强的选手，集结很多二三线城市永远无法企及的平台，拥有着无限的希望与未来。同时一线城市的薪水相对较高，是二三线城市无法相比的。但是随之而来的同样是现实的艰难。一线城市拥有庞大的人口，拥有着无限的劳动力和源源不断的应届毕业生的补充，因此一线城市企业普遍加班较为严重，其带来的最大的问题便是生活与工作之间的失衡，可能在畅想大城市的繁华之时却根本没有时间和精力去亲身体会城市的繁荣。这并不是危言耸听，而是本人很多在一线城市的师兄师姐、同班同学带来的真实体验。而且，一线城市的生活成本很高，北京的房租，即便是合租也要在 3 000 ~ 4 000 元，交通成本、吃饭成本都是不得不面对的问题，更不用提高昂的房价。

二线城市同样具有其独特的优势和劣势。二线城市的生活节奏普遍较慢，薪水虽然不高，但是当地的生活成本同样很低。并且很多二线城市的加班相对较少，会有更多的时间和精力去经营自己的生活。但是二线城市同样具有极大的劣势，二线城市的机会较少，当职业面临困境渴望跳槽时，二线城市能提供的机会少之又少。同时二线城市的平台较差，很难接触到所处行业最尖端的东西，因此个人的发展潜力较一线城市相差较大。



三线城市不予评论，因为能读到本文的人相信多数都不会去三线城市就职。

个人认为，最核心的问题还是知道自己想要的是什么，其他的问题都会迎刃而解。接下来所讲的是本人在求职过程中的一点感受吧，在此仅做参考。

本人认为简历制作网上有很多的模板和教程，因此不再赘述，因为本人也不善于简历制作，多读些相关的文章，简历制作水平自然会提高。至于招聘信息的收集，个人认为可以关注一个叫“应届生求职”的网站，信息较全，集结全省的甚至全国的招聘信息。而宣讲会之类的，有时间、精力的可以去听一下，没有时间精力也可以不参加，只要网投就可以了。

对于招聘信息，还是那个观点，当你知道自己想要的是什么后，自然会对所选择的领域有一个基本的筛选，选择的结果一定会有自己期望的公司。个人建议尽早地关注这些公司的动态，很多公司会进行一些校园活动或夏令营，这些都是极其重要的机会。因为结合本人求职的经历和与其他同学的探讨发现，其实很多公司最在意的不仅仅是应聘人的能力，更重要的是求职者究竟是进行面试试水还是真的有意向加入，很多公司非常在意求职者的加入意愿，因此参加一些校园活动会极大地显示出对公司的兴趣，很多公司更希望能够在其中选出合适的求职者。本人也参加了华晨宝马的夏令营，可以在夏令营期间了解公司的情况，判断是否和预期相符。同时参加夏令营的人来自五湖四海，因此能够更多地交换信息，这点非常重要，尤其是在找工作的时候，这些信息会让选择面更广，更能发现自己心仪的方向。最重要的是，在夏令营期间有的企业会直接给 offer，有的企业会直接给面试机会，相较于其他求职者可以说是捷足先登，因此早做准备很重要。

在面试的过程中，本人的面试技巧也很有限，浅谈几点本人认为比较成功的地方和失败的地方，希望对各位能有帮助。

面试时，个人认为一定要知道 HR 问问题背后的含义，比较拗口，举个例子。当他问你是否是独生子女或者有没有女朋友时，其实他并不是八卦你的私生活，而是看你是否能长时间地在企业就职。当北方的同学面试南方的企业时，如果回答是独生子女，面试官一定会质疑你将来是否会回到北方，父母能否来南方生活。这仅是其中的一个例子，还有很多类似的情况和问题，比如问到对公司的了解、个人爱好、所学的专业与申请的职位不符时，请各位自己开动脑筋,想一想背后的含义是什么及应该如何作答。

相信读到本文的同学都会遇到一个问题,也是最难的问题,即 offer 的抉择。这个真的是最伤脑细胞的一个过程了。本人同样也纠结过,所以我觉得最好的办法就是一定要冷静,一定要仔细选择,一定要跟家人商量,一定要随机应变。

可能很多同学跟我一样本科并不是本校生,一定会问非双哈工程是否会影响找工作。其实问这个问题的时候心里已经有了答案,一定会有,最重要的是调整自己的心态。现在很多企业真的还是很公平的,尤其是一些南方的企业,并不会仅仅因为非双哈工程的学生而拒绝求职者,也会给一些非双哈工程的同学机会,至于能否把握住,就需要自己努力了。非双哈工程的同学一定会苦恼,但是要正面这种问题,可能投递同一个公司,双哈工程的同学会拿到面试资格,而非双哈工程的可能就杳无音信,不要气馁,一定要调整好心态,去投递其他的企业,很多好公司还是会给予机会的,并不是没有希望。不同的人有不同的方法,个人建议在找工作时以小组行动,因为小组行动会加大找工作的成功率,大家会在每天交换大量的信息,甚至 A 上午面试后会直接将面试的问题透露给即将面试同一家公司的面试者 B,其中的好处不言自明。

综上所述,一定要知道自己想要的是什么,只要明白了这句话,本文的其他内容均可忽略,个人认为,知道自己想要的是什么后,一切的问题都不是问题,一切的问题均可得到最完美的解释。



**编者评语**

刘洪光同学的经验告诉我们,对于自己早已中意的公司应多关注公司的相关动态,有些公司会提前开展校园活动、举办夏令营等,积极参加这些活动不仅能增加进入该公司的可能性,同时也能向公司展现出你对公司是抱着认真努力的态度来参加应聘的。正所谓知己知彼,百战不殆。如果你在求职路上依旧迷茫,那么希望这位学长的分析和总结里的某一句或某一部分能够给你指点迷津,或者为你带来继续走下去的动力。

## 漫漫求职路

**个人简介**

范天扬,男, 2016 级材料科学与工程专业硕士研究生;签约单位:中国科学院长春光学精密机械与物理研究所;地点:吉林省长春市。

情不知所起,一往而深。六年蹉跎,一时三刻,忙于学业,疲于生活,梦里不知身是客。大梦初觉,才懂得,世情险恶,自己还没找工作。手足无措,恍然间,劳苦奔波,病魂常似秋千索。穷兵黩武,长光所,波澜壮阔,狂客归舟逸兴多。以上大致概况了自己的求职历程,在此把我的求职心得,尤其是求职于科研院所这类单位的总结,与学弟学妹们分享一下,希望你们在找工作时,少走一些弯路。

1. 我的求职路

若是找一个词来形容我的求职历程，那大概就是“穷兵黩武”最准确不过了。但这个黩武并不是纯贬义，更像是包含一种为了目标倾尽一切代价的精神，拿出毕生所学强刚正面的气魄。

我的求职起步相对较晚，2018 年 9 月才开始制作简历，知道了校招平台和各大招聘网站这些媒介。作为寝室里唯一一个找工作的孩子，没有战友的悲剧是无奈的。设计了几份简历模板，穿上一身帅气西装，将头发梳成大人模样，求职之行就这样匆匆开启了。那些天，我彻底脱离了学业和实验，日复一日的曙光，其实也变化多端。细水长流的平淡，也走过万水千山。

之后是无尽的网申，毫无重点地全面投简历。发邮件、填申请、在线测评，无不消磨着灵魂。同时，几乎所有的宣讲会都不想错过，哪怕是打车在几个学校间来回折腾。这样很不好，由于对自己没有清晰的定位，绝大部分资源是被浪费了的。网申就像一个无底洞，永远填不满，投递多了就厌倦了。“与恶龙缠斗过久，自身亦成为恶龙；凝视深渊过久，深渊将回以凝视”，但其实，所谓深渊万丈，下去，也是前程万里。我大概是坚信着，自己能做的就是长途跋涉地归真返璞吧。

一开始，我也是迟迟没有收到面试通知，同行的小伙伴已经面试了好几家了，当时甚至一度怀疑起了人生。不过没多久，第一个面试就来了，还稀里糊涂地拿到了 offer，面对这么一份难得的欣喜，我还是拒绝了。随后，电话面、视频面、现场面等各种面试就接踵而至了。

在投递诸多大牛企业时，我总是屡屡在简历筛选这关就被拒绝，以至于我前前后后修改了七十多遍简历，每次都会找一个人给予评判，描述看后的主观感受，总结一下再修改，个人觉得微软雅黑和华文行楷的搭配模板很不错。原来简历不是一成不变的，面对什么样的单位，简历上就要说什么样的话，可以只有一面 A4 纸，也可以装订成小册子，但重点永远是让别人一目了然。

简历中不得不提的一个问题便是成绩，我的成绩很不理想，所以在简历中呈现的就不是专业名次，而是良好、中等这些含糊其词的说法。

投简历过程中的固定句式是：“老师您好，我是 XX，是 XX 大学 XX 专业研究生，欲申请贵公司 XX 岗。”由于每次都是这个句式，导致面试双方都变得烦躁不安。其实投简历或者面试过程不是机械的筛选过程，人与人之间的交流也有很大的偶然性和随意性。记得有一次，我甚至尝试过改变套路：“老师您好，不知道为什么，看到你今天这么漂亮/亲切，我特别想投一份简历。”反倒是这样给面试官留下了深刻的印象，最后也拿到了面试资格。

投递长春光机所比较晚，当时宣讲会不接受现场投简，主要还是网申。由于我的账号一直登录不上去，差点就放弃这个单位了。我抱着试试看的态度（其实是有些生气的）打通了网站上留的服务电话。当时是晚上 10 点，电话被人秒接，并且热情地帮我解决问题。在我十几分钟激情澎湃的解释下，对方说：“你还是发邮件说吧，我没听明白。”然后我又用 5 分钟草草地说明了问题，满脸黑线与羞愧。让我自惭形秽的是，半夜 12 点多，我躺在床上酝酿着明日梦想的时候，一封回执邮件说，问题解决了。那一刻，我觉得这个单位靠谱，沉得住气，没有社会的浮躁，是真的在安心搞学术。我就想，若是有幸，这地方我去定了。一件小事，可以说就改变了我的人生轨迹。大概人间情动，不过盛夏白瓷梅子汤，碎冰碰壁当啷响。无以相谢，只愿岁月，于世间之欢愉与悲苦，许以宽宏。

接下来是笔试，因为找到了一个清晰的目标，所以我就变得认真起来。也不投递新的简历了，只想着把手头的几个面试准备好，若不能成再从长计议。研究所的笔试不像企业的在线测评或者专业测评，它的测试是极为专业的，当时是在哈工大专设一个大教室，按序坐位，多人监考。考试的内容绝大部分是来源于本硕期间的专业课。好在为了准备这场考试，我之前将考研笔记重新翻过并背了一遍，对于基础课的测试还是游刃有余的。这个过程极为痛苦而且不现实，可能对于大部分人来说，被安逸的欲望扼杀了灵魂的激情，而它还在葬礼上咧嘴大笑。由于我个人成绩本身就不理想，但对于研究所的专业笔试还是要认真准备一下。顺利过了笔试之后，是专家视频面试。研究所的面试不像企业那样，句句话都涉及专业知识。所以我简历上什么社会实践、校园活动、兴趣爱好统统都没被提及。当时有个问题是“为什么选择长光所”，一想到句句都是问答式的尬聊，我就把之前投简历的小插曲及心理历程讲了下，事先准备的“段子”也用上了，埋好的梗对方也领悟了，想让面试官笑的时候他们也笑了，颇有一种主导话题走向、舌战群儒的感觉。大概是我的诚意感动了几位专家，我表现出了自己强烈的渴望，并且研究方向什么的基本差得不太远，过了淘汰率最高的一关。随后网上测评，考验智商和胜任力什么的，之前做过了很多这样的题，答案没有对错。

最后一轮部门面试是在单位内部。我是第一个进去的，一张大方桌，十几个老师面对着自己，大概是第一次见这样的大场面，脑袋顿时一懵，从头到尾不知道自己在说什么。但还是强调了自己去研究所强烈的愿望和专业方向的匹配度。现在看来，最后一轮应该就是走个过场，没有再刷人，而是将每个人确定了用人部门和聘用方式。几天后，offer 到手，找工作一事告一段落。我前前后后给用人部门打了五次电话，每次都做一下自我介绍，直到最后一次，对方直接喊出了我的名字，我就知道，这事稳了，因为他已经把我的联系方式存了下来。这大概属于一种虔诚的态度吧。

2. 几点微知拙见

(1)明确人生定位。首先要想明白自己想干什么，能达到什么样的层次，是安分守己地找一座小城平凡过一生，还是放眼一线拼搏奋斗，这个大概是对自我灵魂的拷问，跟个人价值观息息相关。多数求职者往往不知道自己想干什么，更别说人生规划了。世人云，材料拯救世界，然则转行率却高达 80%。站在一个研究生的角度，毕竟学了那么多年专业课，轻言转行的除了天赋异禀外，于自身而言都要经历些许曲折。

(2)人在做选择的时候，不能只考虑沉没成本。无论是选择行业还是企业，没人知道它们一定会怎样发展。相信当今更多的人不清楚自己擅长什么，可能某次考试、某个实验让自己误以为自己有什么潜力和兴趣，但这可能是一种假象。很少有人知道自己到底想要什么，更多是在未知恐惧中的一种认知失调。

3. 关于求职的建议

(1)简历要简单明了，就像这句话一样。

(2)应届生的优势在于校园招聘，因为有学校担保的三方协议，所以对校招平台的关注度应优先于各大社会招聘网站。

(3)求职前的准备。不单单是外在条件上的，如简历、仪容等，还有自身软实力的定位，比如技能、潜力等。常言道，年轻就是资本，然则能力也是资本，才华也是资本，这虽是事情的真相，但也不是真相，这只是事情的表象，只有资本才是资本。

(4)表现出自己强烈的签约欲望,不是一种走马观花、闲庭信步的感觉。深入了解一个应聘的公司比盲目投递多个来得强。

(5)面试说白了就是人与人之间的交流,这大概就跟和一个陌生人谈话一样,除了无可避免的官方式"尬聊",还要营造一种亲切感,甚至可以尝试着控制一下话题走向。比如一般都是面试官先问你,你的研究方向是什么啊,做过什么项目啦,问答式的面试成功率不高。若是反过来,自己先问,贵公司未来的发展方向是什么,核心价值观有哪些,顺着他们的话就可以接,XX 条与我个人价值观匹配度极高,我在做 XX 项目的时候有过类似的经历。既表达出自己强烈的求职愿望,也体现出对公司的了解,甚至连发展规划都摆上了。

(6)最后,保持自信、积极向上的心态。别为周边同学所动,把握住自己的节奏。生活不止眼前的苟且,还有诗和远方的田野。

祝学弟学妹们都能找到一份称心如意的工作!



**编者评语**

范天扬在求职与选择中,达到了自己的期望值。求职面试时情绪轻松自如,善于竞争,做到了仪表端庄、举止得体,给人留下了良好的第一印象。在正确自我评价的基础上,充分相信自己的实力,敢于通过竞争去达到自己理想的目标。专业对口,素养与素质都会潜移默化地体现在成才的过程中,相信"是金子总会发光"。

## 我的秋招之路

**个人简介**

贺严东,男, 2017 级材料科学与工程专业硕士研究生;签约单位:中国航发西安航空发动机研究所;地点:陕西省西安市。

谈起秋招,我就不禁想到 2018 年 9 月、10 月的"悲惨经历",谈起经历,我就想到……先谈谈 2018 年的就业情况吧。2018 年东北地区大型秋招结束时,自己才意外收到西安(也是离家近的原因吧)某军工单位的 offer,至此,漫长的秋招才就此结束。

我的秋季招聘开始于一次和同学的谈话,原本以为秋招会在 9 月中旬才"慢慢"地开始呢,和同学闲聊的时候才被告知已经有企业来招聘了,遂去了启航"打探情况",这样就开始了我的秋招之路。下面就谈谈 2018 年秋招的"辛酸"史。

首先,最明显的感觉就是 2018 年的秋招开始得早,可能是因为大多企业的招聘会都是从东北开始南下的,这样我们就有了一些优势,岗位缺口大,毕竟我记得本科期间秋招一般是 10 月份才开始的。自己才从家里来到学校还没休息几天呢,突然间就听人说启航开始有大型招聘会了(某军工大佬集团九月一二号就来东北招聘了),我抱着试试看的心态去看了一下,有些心动就开始准备了。自己简历还没有,所以急忙做了一份简历,结果可想而知,所有的简历都石沉大海……没有接到一份面试通知，其中几家招聘岗位和自己专业还挺吻合的。后来自己赶紧向优秀的同学取经，主要是借用别人和网上的简历模板，学习简历制作及在网上查找面试经验。后来在自己遍地撒网式投递简历后，终于接到几个面试，刚开始的几个自己也不确定会不会去，况且家里一直要求我找离家近的工作，所以就拒绝了现场给的 offer。

实话说在 2018 年 9 月经历的痛苦是最多的，首先是就业情况吧。自己是材料专业的专硕，偏向于金属防腐蚀方向。对于金属材料专业，就业想找个工作其实不难，想找个自己满意（主要是待遇问题）的挺难，后来发现大多工科专业都是知乎"劝退专业"，好就业难高薪。所以慢慢地就从求职三大条（所谓的钱多事少离家近）变成了打折版本。现场给 offer 且拒绝的就不谈了，先谈谈一些有多次面试要求的企业吧。首先聊聊徐州工程机械集团有限公司（简称徐工）和美的的面试，我在面试之前看了徐工的网上评价，据说很辛苦，就没去面试（后来听室友说他师兄在徐工，整天没事干）；美的集团股份有限公司（简称美的）的面试自己去了，因为几个本科同学在美的，当时还是挺想去的，然而自己一面之后就凉凉了。自己分析了一下，可能是有以下几点原因吧。首先，美的的 HR 很专业，这个自己从经历的几场面试中可以感觉出来，自己当时想去，但是没有穿正装，面试经历还少。由于自己是第二天去面试的，并且投的美国中央研究院（本科同学告诉我美的的空调部门和中央研究院部门是最好的两个部门），在现场面试的时候很尴尬，所以去私企面试的时候尽量穿正装。其次，可能是因为现场几个专业问题没答上来，这个就不细谈了。其他人一面都是群面，不知道自己为什么是单面且还有专业面试。后来去面试的企业有比亚迪、京东方、解放军 57 开头的厂及一些陕西、成都的企业，还有一些能源企业，基本上面试都差不多。问的问题基本都差不多，介绍一下你自己，你的优点和缺点各谈一个吧，你的期望薪水是多少，谈谈你的项目进展，你家里同意你到这么远的地方工作吗，你对我们公司的了解有多少，你以后会考虑在这边安定吗，有对象吗，是否已经签约单位之类的问题。专业问题就几个，谈谈你的项目和你们课题组都是做什么的。所以对于你要面试的公司还是提前网上了解一下吧。最后，一些压力还会来自家里吧，天天问你的就业情况，"帮着出谋划策"，真的崩溃。对于家里这方面原因，如果家离企业近且你的方向对口，那么离家近绝对是你进入这家企业的利器。

下面谈一下简历的制作吧。简历一般是两页，第一页把重要信息都写上，一般 HR 拿到简历都是直接去找你的项目和专业方向。关于模版，网上都有，自己可以去下载，对于研究生来说简历不需要在版面上有多花哨，有些 HR 对花里胡哨的简历会反感。大多数人的简历模板都一样，重点在你的简历内容及顺序。一些热门企业的 HR 在简历上找的亮点就是你的专业和项目，其次是你的学术成果，其余的像实习经历、自我评价、科目（这个要求成绩单）等一些常见的网上简历内容就不要复制（copy）了，感觉会减分。这些在简历上他们几乎就是一瞥而过。项目一定要详细、具体、多多益善。接下来是学术成果，我只有一篇专利，没有自己的论文，学术成果是加分项，多多益善。如果想进研究所的话还是尽量发篇自己的论文吧，大多数研究所还是会看重学术能力的。还有其他要求，比如英语四六级，掌握什么技能之类的。这些就算没有也可以去试试，和几家 HR 聊的时候其实这些卡得不严，关键还是专业和项目是否对口，这个最重要。还有大多数企业对于你的科目成绩和专业排名看得比较重。所以尽量还是不要让成绩单太难看吧。还有一个就是本科专业和学校的要求（这个大多在国企里面），由于自己本科虽然是 211，但是不是纯材料专业，有时还是很尴尬的，一看本科不是材料专业且冷门，感觉好多offer都是被这个毙掉了，这里就不说了，要不还得解释半天是做什么的。还有一个情况就是，好多HR会觉得我们专硕只上一学年课就来找工作了，这个一定要强调自己从研一就一直在实验室做实验，强调自己和学硕其实并无区别，这个很重要，毕竟我们相对于学硕少了9个月的在校时间。

还忘了一个最重要的，就是招聘信息的获取。这个我觉得只需要关注哈工程就业信息网和哈工大就业信息网的招聘信息就好。大多数好企业来哈尔滨招聘肯定是要来哈工大和哈工程的，这两个学校都不来的话感觉你其实就没必要去了，一下子关注太多学校的招聘信息还把自己搞得挺累的。还有一点，对于一些自己没时间去的现场招聘会一定要在网上申请，现在好多企业现场只是宣讲，招聘申请呢仍然以网申为准。这个就给我们节省了体力。找工作真的是个体力活。



最后祝所有同学都就业顺利！

**编者评语**

工作地点已经成为毕业生界定是否签约的重中之重，离家较近的工作单位比较受毕业生的青睐。秋招之路漫长，不要因为一时失利而怀疑自己的能力。近几年秋招时间较早，岗位空缺大，这样对我们毕业生有优势。面对石沉大海的简历，我们应主动与招聘单位联系，询问自己的缺陷，同时自己也要向有经验的人取经。首先，对于目标为回家工作的同学，遇见家乡企业，要积极抛出橄榄枝，主动表现自己回家的期望。其次，面对薪资问题要有取舍，所谓的钱多事少离家近，毕竟是理想状态。鱼与熊掌不可得兼，舍鱼而取熊掌者也。我们要衡量利害关系，抓住主要矛盾。

## 求职就是一种成长

**个人简介**

张宝峰，男，2017级材料科学与工程专业硕士研究生；签约单位：长江存储科技有限责任公司；地点：湖北省武汉市。

个人认为求职是学生生涯中极其重要也是特别锻炼人的一个过程，虽然秋招已经过去一段时间了，但依然记忆犹新，所以在这里分享一下自己在求职过程中遇到的一些问题、走过的一些弯路及自己总结的一些经验教训，以供大家参考。

其实求职过程简单地总结就是三个时间段，两个人，一个目的。三个时间段就是求职之前、求职时和求职之后，求职之前的准备，面试过程中的表现，录用或是面试没过后的应对。两个人就是求职者和面试者（俗称HR），目的就是拿到offer。

首先来说三个时间段，第一就是求职前的准备，这个是每个求职者必须认真对待的一个环节，最重要的就两个事情，第一是简历的制作，要知道简历是求职过程的敲门砖，所以一定得认真对待,这里简单列举一些制作简历时需要注意的细节问题:(1)简历一定要简洁,这个简洁指的是简历的外表而不是内容,就是说不要把简历设计得太花哨(个别专业的除外),因为一份外表花哨的简历会让人觉得特幼稚,而且给人一种华而不实的感觉,所以简历一定得简单大方。(2)内容要翔实,内容翔实也不是说什么都得写,什么都得写很多,而是要把必要的和重要的信息写全了,比如姓名、年龄、籍贯、联系方式等,这些是必要的信息,重要的就是简历的亮点,就是自己突出的东西,比如成绩好的,一定要把成绩说得很详细,比如分数、排名等。总之要把 HR 想知道的写全,把自己的优势突显出来,同时对一些必要的但却是自己短板部分也要学会隐藏,比如成绩不高的就尽量不要写自己的排名或是分数。(3)投递简历一定要分情况,如果是网上投递,一定要把给出的每一个空都填上,而且要认真地填,认真是态度,聪明是做法,聪明的做法就是扬长避短,避短可不是不填,而是婉转地表达意思,比如成绩,好的可以说是年级第几(后面括号里可以写上一共有多少人,这样可以突出自己的优秀),如果成绩不是很突出可以写上前百分之多少。另外态度得认真,可能求职的时候天天填简历会很烦,甚至会觉得有些问题问得特弱智,但也得认真填,因为简历的不完整会让 HR 觉得你满不在乎,产生反感。在参加华星光电宣讲的时候一个 HR 讲过,大家一定要把网投简历认真填写完,因为简历完整度不够是不能够被系统通过的,他还针对简历填写问题说过一句让我记忆挺深的话就是:“你们付出了一定的行动却不求结果,这种员工我们可能不需要,既然填了就认认真真填完,要不干脆就不填。”如果是学校的双选会,最好把一些其他东西的复印件都放在简历后面,因为双选会的话就不仅仅是把简历放下就够了,而是会和 HR 有个简单的交流,这个时候一份“厚重”的简历就会给你加很多分,记得有一次双选会上,有个小伙儿拿着有十好几页的简历递给 HR,显然 HR 很好奇就往后翻,结果是各种奖励和证书的复印件,虽然证书都不是含金量特别高,但 HR 会觉得看到复印件总比看到你在简历的获奖栏里写的各种获奖要真实一些。当然这只适用于双选会上用。如果是给邮箱发送简历,切记不要把简历打包发送,而是直接放在内容栏,这样 HR 一眼就明了了,而打包的可能就被忽略了(毕竟下载解压很烦琐)。如果明确要求是打包发送,那么邮件的正文部分也不要空着,可以给 HR 写一封很长或很短的信,如果这封信能打动他,简历有时也会变得不是那么重要了。这是简历的问题,对于一些简历的注意事项或是技巧方法网上到处都会有,可以参照。第二是求职前一定要了解求职的单位和职位,所谓知己知彼,百战不殆。首先一定要对自己有个认识,自己将来想要去哪儿工作,去一线城市还是回家乡,或是选择离家近的城市,另外自己想要去什么样的企业,国企、央企、外企还是私企,从事什么样的行业,只有知道自己的目的才能知道从什么地方下手,所谓遍地撒网,重点打捞。很多人求职前没有想清楚这些事情,就会在求职的过程中缺乏目的性,很多时候就会迷茫、摇摆不定。我自己就是个例子,求职前对什么的要求都不是很明确,觉得只要工资高就都可以商量,所以导致在求职时一直都处于被动的状态,总是想着多拿 offer,哪家单位都去试试。即使失败了也不是很在意,总觉得其实原本也没有多想去,所以也不会竭尽全力地去争取,即便是有了 offer,也总是想着万一后面会有更好的,好多原本有的机会就给放弃了,等到招聘快结束时才发现之前的几家单位其实待遇和条件还是挺适合自己的(前车之鉴)。求职之前要对一些单位也做一些了解,自己心里也有一个大概的评估,即便是在投简历之前也可以咨询一下知道的同学或是上网做个简单的了解,而不是盲目地乱投简历。盲目地参加一些压根自己不想去的面试,这样对自己来说是一种时间的浪费,毕竟求职时单位来得特别密集,好多的宣讲或是面试都是重合在一起的，应避免顾此失彼。

第二个更重要的时间段就是面试，这个是整个求职过程中最重要的一环，一些细节的东西就不说了，主要说两点，一是态度，面试的过程就是一个被动变主动的过程，开始求职者处于被动的地步，所以在面试时一定要谦逊，切记不要太过于以自我为中心，有的时候甚至可以稍微妥协一点（不是说毫无原则地妥协）。身边的两个同学去面试航空工业的一家单位，专业面试的时候其中一个一直在强调自己的研究很有价值，也很有创新点，而另一个则在谈到自己的研究课题的时候，被负责招聘的技术人员挑了很多的毛病，他选择虚心接受技术人员的指点，当然学校和企业在科研方面还是有差别的，所以技术人员的建议也不一定正确。但后一个同学并没有当面与其争执，结果前一个被刷了，而第二个顺利拿到了 offer。二是注意自己的言行，即便是装也一定要坚持到面试完。实验室一个同学去面试某单位，一开始聊得挺投机，到快要结束的时候，HR 问了一句同行业竞争单位的薪酬如何，该同学回答说“第一我不是很清楚，第二，即便我知道也不会告诉你们的”，所有的努力就因为这一句话整个面试全部报废了，记得有个 HR 说过这么一句话：“其实没有通过面试的人并不是能力达不到我们的要求，好多人就是因为某一句话或是某一个动作让我觉得不舒服了，我就不会让你通过，即便你很出色。”要想在面试的过程中变被动为主动一定要想着办法去表现出你渴望到该单位的愿望，因为 HR 其实仅仅是通过简单的面试很难确定你的技能水平怎么样，而且如果不是专业的技术人员面试，是很难从专业或是技能水平来衡量你的价值的，如果是从其他方面考虑的话，那么你对企业的认可度及忠诚度是很重要的一个指标。在面试天津中环的时候是他们的一个负责人面试的，基本上那个负责人从开始到快要结束的时候一直没问过我问题，都是几个年轻的 HR 在问，然后在快要结束的时候 HR 问我还有什么想要问的或是想要说的，我当时觉得过的可能性不是很大，就用尽最后的机会争取了一下说：“也不瞒您说，其实现在手上已经有几个 offer 了，但是一直也没有签，就是想等等看看有没有天津的企业，因为自己家离天津也比较近，所以一直希望将来能在天津工作。”可能这一句话引起了那个负责人的注意，她问手里都有哪些 offer，然后说虽然我的专业技能以及学历背景可能没有达到他们用人的要求，但为人坦诚踏实（其实就是套话，可能就是因为她认为我是特别想要去他们单位），极其认可他们单位，所以才给我 offer 的。虽然最后我还是拒绝了这家单位，但至少我由被动变为了主动，把 offer 拿到手，至于去还是不去就由自己来决定了，当然也不是骗 HR，那会儿手里也确实有别的 offer，只是想表明如何表达才能让 HR 看到你对其单位的认可和忠诚。

最后一个就是求职之后的应对，这个自己没有总结太多，如果拿到 offer，当然皆大欢喜，如果被拒也一定要友好客气地感谢对方给自己面试机会，并表示一下如果有机会一定会再次争取的（虽然是假话，但给人留个好印象总比没印象强，万一还真就有机会呢，即便是没机会也体现了自己有素质，善始善终嘛），记得面试天津三环化学有限公司时，第一次简历筛选就没过（后来他们 HR 说，他们原则上只要双 211 的学生，所以我第一次就被刷下来了），但在给他们发邮件简历时在邮件的正文部分写了一封算是简短的求职信，后来由于人没招够，他们就从邮箱里又筛选了几份简历，我的信可能就让他们觉得印象深刻，所以就意外地得到了这次机会。

很多人说求职和相亲一样，但求职更多的时候是求职者处于被动的地位，所以目的就是一个，拿到 offer，那么就要在与 HR 的交流过程中逐渐获得主动权，因此，开始要谦逊一点，甚至可以在交流的过程中略微地夸大一点，但不要过了，因为一个谎言开始之后，后面要十个谎言去敷衍，更会影响自己的思路和表达，所以还是要实事求是，但也不能太过直白，问题就在于如何去表达才能引起 HR 的注意和兴趣。其实就 HR 来讲，他们对求职者的把握也不是十分准确，他们的标准很多也不见得一样，就像那个 HR 说的，有时候就是看你顺眼，可能你的专业水平并不高，但还是会选择要你，而有的人可能从专业角度来说很出色，但就是某一点小问题让 HR 觉得不爽，可能就不会要你。总之一句话，求职就是要把 offer 拿到手，化被动为主动。拿到 offer 以后如果觉得不合适可以拒绝嘛，这个时候主动权就在自己手上了。



**编者评语**

张宝峰同学树立了良好的新型的就业观，具有良好的心境，自主择业意识非常强。面对就业焦虑进行理性思考，根据情况变化更新自己的思想。态度决定速度，张宝峰同学正是凭着一丝不苟的态度，化被动为主动，最后得到多家用人单位的青睐。对待工作严肃认真、一丝不苟、肯钻研的人总能比别人更快地独当一面。

## 我想要的是什么样的生活

**个人简介**

赵鑫，男，2016 级材料科学与工程专业专业硕士研究生；签约单位：中国航发沈阳黎明航空发动机(集团)有限责任公司，地点：辽宁省沈阳市。

1. 个人基本信息

(1)签约单位

中国航发沈阳黎明航空发动机(集团)有限责任公司。

(2)个人简介

赵鑫，男，材料科学与化学工程学院，材料科学与工程专业，2016 级学术型硕士研究生。研究生期间学习成绩优秀，曾担任院学生党务工作中心主任；本科期间就读于哈尔滨工程大学材料物理专业，曾担任班长，获得推免资格后，在腐蚀科学与表面技术研究所学习。我熟悉实验室激光熔覆、等离子熔覆、真空渗碳、电刷镀、喷涂等多种表面强化方法和材料表征方法，参与的科研项目包括国家 973、国家技术基础、国家自然基金三大类内容。在校就读期间多次获得校级奖学金和优秀学生干部等奖励和荣誉，获得研究生国家奖学金和本科生国家励志奖学金，中国大学生热处理创新大赛全国决赛二等奖和省级特等奖，发明并受理专利一篇、在投两篇，发表学术论文一篇、在投一篇。

2 求职经历及就业经验

(1)求职经历

这部分简要介绍我参与过的公司面试。2018 年下半学期开学前，还在家的我就开始网申,这时候各个公司招聘还没正式开始,我选择对美的、中兴、华为(根据个人意愿)等公司进行网申。开学后,招聘会陆续开始,我白天赶场参加各个公司的招聘会,晚上回到办公室继续网申,有机会也参加大型双选会,目的就是获得和不同HR交流的机会,积累面试经验。随后我收到了歌尔声学的面试邀请,这是我第一次面试,所以我尽可能充分准备,提前浏览歌尔的官网,去百度收集信息;陆续我也收到了哈飞航空工业公司(简称哈飞)、郑州宇通集团有限公司(简称宇通集团)和徐工等公司的面试邀请。最重要的是,我参加了华为的一、二、三面,经过这次面试,我的面试经验彻底提升。随后我面对大唐东北电力研究院、航空工业成都飞机工业(集团)有限责任公司(简称成飞)、美的、海尔集团公司(简称海尔)、中国中车集团有限公司(简称中车)、潍柴动力股份有限公司(简称潍柴动力)、中国科学院长春光学精密机械与物理研究所(简称长春光机所)、中国航发哈尔滨东安发动机有限公司(简称哈尔滨东安)、秦皇岛中信戴卡等HR能做到游刃有余,张弛有度(以上所提到的公司均是面试通过的)。

(2)就业经验总结

在准备找工作之前,我们要问自己:"我想要的是什么样的生活?"求职前首先对自己所选择的企业类型进行选择,对所求职的企业类型有所了解,如在择业时是选择国企、私企或外企等,不同的企业类型有着不同的特点:国企工作相对稳定,但强手如云,需要突出自己的特长;私企和外企的竞争相对更大,但薪资也相对更高,每个人需根据自己的职业规划进行选择。

我不想在北京和上海工作,所以这两个地方的单位直接没提交简历,主要是因为超一线城市压力大,作为底层工薪阶层很难出头。我想要在大型国企或中科院下属研究所工作,无论是学生工作经验还是研究生期间锻炼的能力,我认为自己可以胜任这种工作。

招聘季开始前应确定求职目标企业,并针对这些企业进行重点攻关,提前对企业进行了解,包括企业主要经营方向、往年招聘计划等,及时关注招聘时间及岗位。

提前制作简历,并根据不同企业类型对简历的重点进行突出,研究所招聘人员较重视学习成绩和科研项目经历,国企则较为重视学习成绩和学生工作经历等。

我将9月招聘月按上中下旬分为三个阶段。第一阶段:海投并总结。大量投递简历,珍惜任何一次和HR交流的机会,把每次面试都当作为了进入该公司而去努力,在获得签约资格后再研究要不要签约,把每天获得的经验及准备好的说辞专门记录在一个笔记本上做好总结工作,同时也记录自己投递了哪些公司及账号密码等。第二阶段:重点投。因为招聘初期公司众多,很难做到你想去哪就去哪,所以我们海投,在积累一定经验后能够掌握足够的技巧,因此接下来我们运用技巧去投递我们想要去的单位,并针对性地做准备工作。如果某单位在哈工程招聘时没有接受你,那么你可以去该单位在其他学校的招聘会继续尝试,但不要影响其他可能参加的面试。第三阶段:灵活选择签约。如果我们足够优秀,并且足够机智能够掌握面试技巧,在9月下旬,我们能获得许多签约机会,这时候我们要根据自己的需求,综合考虑家庭、城市、未来发展、配偶等因素,签约一个最适合自己的工作。在这里我想对比说明一下国企和私企的区别,明面上二者工资不同,私企更高。但众所周知,国企的福利待遇更好。不当家不知柴米油盐贵,前文我已经提到要问自己想要什么样的生活。如果想要一种稳定且压力不大的生活,可以选择国企,国企的福利待遇会让你明白生活这两个字的意义;如果单纯为了钱多,喜欢自己支配较多数量的工资,可以选择私企。当然现在国企和私企的界限并不像以前那么明显,但选择的理论依据不变,国企可以给你更好的平台和支持,私企可以给你更多的机会和风险，选择之前要明确自己的定位。在签约前，要灵活处理，工资不是一切，机会不意味着职位，我们做出的选择会直接影响自己的生活。

3. 求职建议小结

在正式找工作之前，最好能建立自己的小团队，2～4 人即可，方便信息获取和交流、经验总结。每天大家把自己获取的单位信息和面试经验利用饭前饭后或晚上投递简历的零散时间进行交流，定能事半功倍。

(1)简历制作

提前制作简历，选好模板，切忌太过花哨，要针对应聘岗位，突出重点，注意应聘岗位与专业匹配度，简历后可附成果扫描文件。



不同单位，简历可以稍做修改，做好保存工作，防止面试时拿错。

(2)网上投递简历

网站：就业服务平台、工大就业网、应届生求职网、智联、大街、51job、中华英才招聘网等。

公众号：各高校就业、地区校园招聘。

建立自己的网投信息库，选择适当岗位，关注截止时间。

(3)宣讲会会前准备

招聘会日历，重点企业可提前关注、跟进；提前查找宣讲会时间、地点，特别关注目标企业。

(4)面试准备

将准备好的中英文自我介绍(1 分钟、3 分钟)写下来，熟读牢记。面试前查阅官网，了解企业概况和最新动态等相关信息。

自我介绍：突出项目经历、收获、成果、专业技能、学生工作经历，言简意赅，切忌长篇大论自我吹捧，要表达重点而不是面，HR 感兴趣会问你具体的内容。

无领导小组讨论：重点表现自我做决定和采取行动、说服力和影响力、分析能力、创新创造能力、与人合作能力、统一意见总结能力。语言表达要落落大方，语调平缓，要声音洪亮有自信。讨论过程中注意用笔纸记录别人的姓名和主要发言内容。自己发言时，目光与 HR 对视；与同组他人对话时，目光与其对视。leader(领导)不是自己封的，在小组讨论中，真正的高手无形之中会让大家默默选你做 leader。在成飞和华为技术有限公司(简称华为)的面试中，我就是 leader。

(5)霸面

如果你想去的单位或者研究所没有及时给你机会，你要做的是搜集该单位开展面试的时间和地点(问同学和官网客服等)，面试当天基本不会拒绝你；如果简历没有被 HR 选中，可以选择发邮件，附带简历和自荐信，HR 的邮箱可以在官网查询或者请这个单位的师兄师姐帮忙查询。

**编者评语**

赵鑫一句“我想要的是什么样的生活？”意味着他在心里已经规划好职业生涯。产生这种态度的求职者首先表现出极度的自信，他们会认为现在的应聘是双向选择，用人单位有权利去选择我们毕业生，而我们毕业生同样也有资格和权利去挑选一个适合自己专业和特长发挥的用人单位。有了这种想法后，求职者就会很自然地产生不卑不亢的态度，这样求职面试时可能产生的恐惧、紧张心理就会消失了，从而更好地发挥出自己的应有水平。

## 1.2　女生求职篇

### 让求职成就更好的自己

**个人简介**

吴翠青，女，2015 级材料科学与工程专业硕士研究生；签约单位：潮州三环；地点：广东省潮州市。

时光匆匆，研究生学习生涯已经结束，距离人生第一次求职也已经结束 5 个多月。2017 年 9 月 4 日我怀着无比激动的心情参加了第一场招聘宣讲会，感觉自己就像一个勇敢无畏的战士，对未来充满期待，2017 年 10 月 15 日与潮州三环签订三方就业协议，结束了为期 42 天的求职之路。在求职过程中有开心、有失落，同时也磨砺了自己的心性，从开始找工作到签约，参加了国企、私企、外企及研究所的宣讲会，得到了很多面试机会，拿到了不少的 offer，最终选择与男朋友及同学一同签约潮州三环，在此分享一下我在求职过程中积累的经验，希望对师弟师妹有所帮助。

1. 最终都能找到工作

根据我的求职经验，找到工作并不困难，难在找到满意的工作。市场对人才的需求量大，国家重视人才培养，各地政府及企业都非常重视人才引进，纷纷出台各种人才引进政策，而身边一起找工作的同学都能拿到几个 offer，但是因为各种原因都不愿意轻易地交出三方协议。一般不选择签约的主要原因是公司所提供的职位、薪资待遇、工作地点等不能达到预期。找工作是一个双向选择的过程，各种公司所需要的是适合自己的人才，而我们作为求职者，也要明白自己想要找到什么样的工作，同时要注意求职过程中的一些技巧，适当地做出妥协，那么就能满意地结束求职。

2. 明确自己对于公司、岗位的要求

在找工作的过程中，有的人一心想去国企，有的人一心想去私企，有的人想做研发，有的人想做工艺，每个人对于企业性质及工作岗位都有不同的要求。在国企工作一般稳定、福利好、压力小，但是也存在机制复杂、上升速度慢等缺点，而一般私企则更看重人才能否给企业带来效益，虽然工作时间长、竞争大，但是也是对自己的一种锻炼和提升，同时可得到更多的薪资回报。每个人都会根据自身的情况做出选择，例如我考虑到自身情况及家庭背景，更愿意去私企接受磨炼，同时也能够得到更多的薪资来回报家庭。求职前期很多同学对于岗位都存在自己的坚持，比如想做研发，我也是其中之一。但是随着求职时间的延长，我的这种执拗感逐渐消失了，工艺岗也可以有所作为，产品从构思到研发，再到生产销售，每个环节都必不可少，少了工艺岗，产品只能存在于实验室，工艺岗也很重要，在企业中如果说研发是生命的话，那么工艺就是灵魂。如果自己选择一个行业岗位的话，就要先做足功课，了解行业行情，比如现在火爆的锂电池行业，无论是研发岗位还是工艺岗位都是不错的选择。对于工作地点的选择同样因人而异，有人喜欢大城市的喧嚣繁华、竞争与机遇，有人喜欢小城市的安稳与宁静，相同的是对高薪资的渴望。

3. 制作一份合格的简历及掌握面试技巧

面试时，简历对于面试官就是一张升级版的名片，一定要做到对内容熟记于心，对所涉及知识了然于胸，其制作一定要做到内容简洁、重点突出，其中有一些注意事项：



(1)篇幅最好为一页；

(2)标题使用求职者的名字；

(3)简历文档命名为求职者名字 + 应聘岗位，或者严格按照公司的要求命名；

(4)个人信息一定要简单明了，只写一些必要的信息，如毕业院校、专业、电话、邮箱等，毕业院校如果是 985 或者 211 院校一定要特殊标注，成绩优异的也要特殊标注；

(5)求职目标要明确；

(6)写自我评价时要从工作经验、成绩、经验技能、性格等方面概括自己；

(7)项目经历一定要有主次之分，主要参与的项目写在前面，次要的写在后边；另外在面试不同单位时要做适当调整，将与单位相关的项目写在前边，一定要写明在项目中自己的职责；

(8)获奖情况可按照时间倒叙或者按照奖项内容并同类项进行描述，不用占用过多的篇幅；

(9)证书及培训只写与应聘岗位相关的内容；

(10)技能特长不能随便写，要有特点，与应聘相关的一定要写上去；

(11)简历模板要简约，形式为内容服务。

面试不同的公司时，一定要记得在保证真实的前提下对简历内容做适当的调整，突出企业面试官感兴趣的内容，这样才能增加面试的成功率。

另外，在简历投递的过程中要做到广撒网，重点突破，同时尽量不要为一个企业投入过多精力，以免错过更多的机会。面试时要提前做好准备，做到自信、大气，自我介绍时简略介绍一下自己的基本情况，重点介绍企业面试官感兴趣的部分，人事面试主要考察你的求职愿望，会问一些家庭情况、对公司的了解及对公司所在城市的评价等，回答这些问题时要洞察问题的关注点，诚恳地给出他们想要的答案。专业面试时，主要是问一些简历中项目上的一些问题，比如哪个项目是你主要参与的，从事了哪些工作等，然后会问一些相关的专业知识问题，这时即使面临一些自己不会的问题也要诚实地说不懂，同时稍加思索后给出自己的见解，绝对不要不懂装懂或者答非所问。人无完人，面试官更看重求职者的诚实品性、临场应变能力、专业知识积累等。

4. 慎重签订三方就业协议

签订三方时一定要深思熟虑，面对就业压力，同学们都担心自己最后找不到工作，有的同学就早早地签订了就业协议，而多数又毁约重新签订了一个更满意的工作。根据以往找工作的情况，最终都可以找到工作，建议在求职后期先签一个自己相对满意的工作，一般在秋招时，9 月末至 10 月上旬，这样可以使自己减少焦虑，之后可以继续找寻更加心仪的工作。当然，如果遇到了各方面都满足自己要求的工作也不要犹豫，过了这个村就没这个店了，所以当机会来临时不要犹豫，果断签约。我是和男朋友一起找工作，两个人一起找工作会面临更多的问题，不光要考虑自己以后的职业发展，还要顾及两个人以后的生活。在找工作前期我们两个人因为专业不同，基本各自为战，往往是一个人找到工作另外一个人找不到，或者是两个人找到一块儿了，但是因为对工作不满意只好作罢。其实后来慢慢发现，两个人要一起去投简历，因为公司招聘员工时会考虑你在公司工作的长久性，两个人一起时可能会忽视专业，增加签约的可能性。

找工作是一种人生经历，你会经历前所未有的压力，心情会变得焦虑，但是经历后你会发现另一个自己。最后想对师弟师妹们说，找工作并不是人生的全部，它只是起到揭幕作用而已，后续的精彩人生不是现在你的一个选择或者公司的一个选择所能决定的。



**编者评语**

求职的过程既像大海捞针，也像是一场有准备的战争，每一步都可以提前准备，但也总是会被某些条件限制而不能大展拳脚，而作者的经验也正是如此。在投简历时要广撒网，重点突破；面试时要提前做好准备，做到自信、大气；回答问题时要洞察问题后面的关注点，诚恳地给出他们想要的答案；专业面试时，切忌不懂装懂，回答问题时要实事求是。博学之，审问之，慎思之，明辨之，笃行之。拿出态度，做到最好，在求职的过程中应不断精进，成为更好的自己。

## 四海漂流终归家

**个人简介**

崔聪垒，女，2017 级材料科学与工程专业硕士研究生；签约单位：山东潍柴动力股份有限公司（简称潍柴）；地点：山东省潍坊市。

我的名字叫崔聪垒，一个有着男性化名字的女孩子，一个在外漂泊多年最终选择回家的人；我的家乡是中国风筝之都——美丽的山东潍坊。我签约的单位是山东潍柴动力股份有限公司（在全球拥有动力系统、智能物流、汽车业务、工程机械、豪华游艇和金融服务六大业务板块），签订的工作岗位是应用技术工程中心技术岗位，我本科四年主修的是模具的开发设计，而研究生两年主攻金属材料的研究，而且我比较喜欢与人沟通，这个岗位既有设计方面的工作又有与客户的沟通，所以我对这个工作很满意。虽然说公司初定的薪资属于私人保密的内容（签订三方的时候公司方面要求保密），我只能根据我们山东省潍坊市的经济发展状况来说，他们给我所定的薪资是属于中上等水平，而我也实现了当时就业指导老师所说的“钱多事少离家近”。其实这是我第二次才签订的企业，第一个签约的是歌尔声学。原因在于，我的最初目标就是潍柴，第一次与第二次投简历，都没有成功，甚至都没有面试的机会，第三次投简历，经过五次面试才得偿所愿。

“举头望无尽灰云，那季节叫作寂寞，背包塞满了家用，路就这样开始走，日不见太阳的暖，夜不见月光的蓝，不得不选择寒冷的开始，留下只拥有遗憾，命运的安排，遵守自然的逻辑，谁都无法揭谜底，喔——远离家乡不胜唏嘘，幻化成秋夜，而我却像落叶归根，坠在你心间，几分忧郁几分孤单，都心甘情愿，我的爱像落叶归根，家唯独在你身边。”这首王力宏的《落叶归根》唱的正如我一样，离乡背井的游子，心里最深的依归是他孜孜念念渴望归属的故乡，那个唯一思念、期盼、渴望回去的家。离家越久，内心越有一种归去感。



在外求学这几年也许是为了满足自己对于外面大千世界的好奇；又或者是仅仅为了避免父母的唠叨，为了获得为数不多的父母说出口的想念；也可能是为了给自己的人生添加一些不同文化的色彩。记得当年初中毕业得知自己已经获得重点高中录取通知之后，自己可以坦然地出去打工；高考结束的瞬间，有的只是肩上的重担落地的久违的轻松，虽然录取的大学不尽如我意，可还是泰然地出去游玩，参加公益；由于第一次考研失利，大学毕业的时候，成了我最为艰难忐忑的时候，继续考研与工作，两难选择，最终我选择了考研，因为不想让自己后悔，也是为了逃避找工作。

当然“二战”是痛苦的，来自心理与外界的压力充斥着整个复习阶段，最开始我并没有选择回家复习，家里的外界因素太多，不想被打扰，也是害怕再次失败。后来有一天晚上做了一个关于妈妈的噩梦，半夜醒了之后就给妈妈发了消息询问她好不好，早上收到妈妈平安的短信，也就没有过多在意，继续我的复习，傻傻的我连个电话都没打，这件事情是我这一辈子最后悔的事情。而后的这几天我的心里总觉得不舒服，说不出来的难过，心想那就回家吧，我就收拾东西回了家，事先并没跟妈妈讲，等快到家的时候给妈妈打电话说我快到家了，想让她跟爸爸来接我。电话里妈妈的声音很虚弱，妈妈叫了叫我就开始哭，我问妈妈怎么了，她也没说什么只是让姑姑来接的我。在回家的路上，姑姑讲妈妈今天出院，手术很成功。我哭到不敢再哭了，看着妈妈，她说我做噩梦的那天凌晨进的手术室，被怀疑是子宫癌，妈妈跟医生讲能不能等女儿回家再动手术，她怕再也见不到我了，但病是不等人的。我跟爸爸生气说为什么不告诉我，为什么全家人就瞒着我，我理解他们，更心疼他们。就算是不考研了，我也要守着我爸妈。就这样一边照顾妈妈一边看书，还是继续走考研的路，妈妈不想让我放弃。从那时候我就暗暗发誓，以后无论如何也要跟亲人在一起，倘若我有能力，会把爸爸妈妈接到我工作的城市，或者是我回家。

读研期间我每天都会跟爸妈通电话、发视频，很快就到了找工作的时候，我想了想，决定回家工作。首先，是我的专业限制，我的专业是金属材料科学与工程，属于工科，除非去北上广，否则一开始也不会有很高的工资，可能养活自己都是困难的，何谈照顾父母；其次，我是工科“女汉子”，相比于男生，在我们专业领域是处于劣势地位的，甚至有些公司明确表明不要女生。就这样我干脆选择回家。我能顺利被这所公司录取也要归功于一个跟我一起找工作的朋友——艳子（有一个与你一同找工作的好朋友很重要），由于工作关系，我连歌尔在学校的宣讲会都没去，甚至连网申都没有投递，更没有收到公司的面试通知。艳子告诉我下午歌尔会进行面试，没有收到面试通知的也可以去进行“霸面”（说实话，除非你真的是时间没法错开，去一下宣讲会很重要，很大程度上决定着你会不会参加这个公司的面试，宣讲会是对公司基本情况及基本待遇的介绍，即使他们只说有利于他们公司的一面，对于你了解公司也有一定的帮助），关于“霸面”，谁都没有经验，为了工作只能逼自己一把，自信心最为重要。我一想，这下完了，其他人都有精心准备面试套装，我什么都没有，上午就去商场买了一套相对正式的衣服（起码的尊重必须要有）。由于时间太过紧张，结果高跟鞋并不合脚，这种感觉给我带来很大的挫败感，心里想着大不了就是走一走面试的流程嘛，拎着鞋子到了面试教室的门口，深吸一口气，穿上不怎么合脚的高跟鞋走了进去。等待的过程是最为煎熬的，好不容易才等到了我的名字。这场面试是我人生第一次工作面试，因为没有面试通知，只能排在最后面，更是一对一进行面试（一般只要你去都可以进行面试的，一定要带好简历）。

面试我的前辈是歌尔公司一位我们相关专业的资深人员，在我做完自我介绍之后他问我的第一个问题是：“你觉得在你所学的所有科目里哪个是你认为最为重要的科目，为什么？”我清楚地记得我的回答：“在我看来并不只有一个科目是最重要的，可能会有好几个科目，比如失效分析这一科目，在任何一个企业当中都会用到，无论是某一零件的性能分析，还是完整成品的检测都是非常重要的；再比如固态相变这一科目，学材料的都懂这是基础，像是选材，如何提高所选材料的性能等都是最为重要的知识。”在回答完第一个问题之后看到前辈的微笑，自信心瞬间爆棚。接下来的一个问题我觉得适于所有企业的面试，“你对于你的职业规划是如何的？”虽然我的回答并不是很好，当然也可以作为借鉴（或好或坏都是经验），“作为应届生的我，认为我的职业规划是分阶段的。首先，学校所学知识并不能够完全适用于工作，而了解一个企业的产品、文化并非一朝一夕的事情，这也证明了咱们公司所签订合同年限巧妙，3 ~ 5 年，一方面为了我们去掌握公司事务与公司共同发展，另一方面也是为了公司了解我们到底适合什么样的部门岗位。第二阶段的发展就要根据自己对于未来的发展方向来定，适合于技术或者是向别的方向发展这都是需要时间沉淀的”。接下来的问题就是关于自身的问题了，像是为什么选择这个企业，还有你所学的专业在企业能够做些什么？选择企业的原因等，因人而异，而专业知识能为企业带来什么就需要提前了解一下公司主要是做什么的，查一些企业的相关知识，这些在百度都能够搜集到，会给你带来很大的便利，也会给面试的前辈留下不错的印象。之后聊了一些很轻松的话题，我的面试就这样结束了。就这样，第二天早上收到了通过面试的消息。

当你第一次被拒绝的时候可能会觉得失落，挫败感极强，这时你需要的正是“不要脸的精神”，一种人到绝境了定要生出的勇气。同一个企业，如果你认定了它，你要像对待初恋一样来面对，第一次没有成功，会有第二次的机会，不同地方的面试，不同渠道的面试。失败并不可怕，但你一定不能丢掉最初的信心。

春节过后怀着不甘心的心理查了一下潍柴的春招行程，惊喜地发现有哈工程，我当然不能放弃这个机会啊，虽然宣讲会位置放在了动力学院（明显就是为了动力学院学生来的），我还是去了。宣讲结束后，我去问了一下关于材料专业招聘的问题，人家上来第一句回答的就是：你为什么是金属材料专业。这个回答让我心凉了一大半，结果我知道，他们在 2018 年来哈尔滨之前去过北京，金属材料专业在北京已经招满了。所以说公司招聘的行程路线，所去城市的先后顺序也是非常重要的，假若你非常想进这个公司一定要提前查好招聘行程、路线、顺序，必要的时候跑到前几站的学校去参加招聘，这样成功率会提高很多。

喜出望外的是我收到了面试通知，却被分派到营销管理部门，这第一场面试让我很灰心，只是聊了聊非专业的问题，也可能是这个前辈跟我聊天投缘的缘故，他给我推荐到新能源部门，虽说新能源也属于我们材化学院，但跟我的专业相差甚远，巧的是面试前辈中竟然有一个金属专业的专家，就这样我又去了研究院这边，通过与面试人员聊天，得知企业不仅仅看重应届生的专业水平，还有很大一部分是英语水准，现如今的社会形势决定了英语的重要性。我以为我与潍柴终究没有缘分，中午吃饭的时候却接到了工程应用中心面试老师的电话，他说想要给我进行一个单独面试，我当然不会放开这根救命稻草啊。结果我发现他并没有跟我聊关于专业知识的问题，聊得全部是一些处理人与人之间问题的话题，社会关系及与客户的沟通，最后才谈到专业问题，这个部门属于研发部门的一个部分，主要包括设计方面及与客户沟通的工作，结果我以本科所学的一点东西如愿进入我最初所心仪的企业。



就这样，兜兜转转好几年，终于我可以落叶归根了。

**编者评语**

北方的冬天寒风萧瑟，秃秃的枝丫，思绪飘向远方。家，是温暖的港湾，但对于正在找工作的学生来说，它与机遇相互交织、相互牵绊。能找到钱多事少离家近的工作，都是幸运的。找工作的时候确实会让你深刻反思过去的日子，你的成长，你的所得和所失。经过思想的加工，心里的想法就是寻找工作的最终目标。

## 误打误撞的精彩

**个人简介**

毛梦佳，女，2016 级材料科学与工程专业硕士研究生；签约单位：中兴通讯股份有限公司；地点：广东省深圳市。

我是毛梦佳，研究生所学专业为材料科学与工程，所属金属材料研究所。目前签约单位为中国 500 强企业中兴通讯股份有限公司，签约职位为海外营销运营部高级客户接待经理。

在秋招开始之前，应届生们大概都会陷入短暂的迷茫中，许多同学对如何选择自己的第一份工作感到无从下手，我也不例外。2018 年 9 月秋招的枪声打响后，各种各样的双选会、企业校园宣讲会接踵而至，漫天的求职信息仿佛把应届生们压得牢牢的，如何厘清思绪，给自己获取喘息的机会就显得尤为重要。在这之中，我认为最需要问自己两个问题：在哪工作？做什么样的工作？首先，工作地点可能不仅是自己，甚至也是家人最为关注的一个问题，这可能决定了你以后的生活城市，甚至决定了你的家庭之后生活的城市，因此工作地选择问题会使求职者十分苦恼。尽管工作城市的选择十分重要，但是我们也不应该将目光仅仅局限在一个城市，非 XX 市不去。就我个人而言，每个人都有自己喜好的生活环境，我们可以在城市的选择上按照必要的条件划一个大范围。比如有的同学喜欢经济发达的城市，就可以多多留意超一线城市、省会城市、长三角地区、珠三角地区的求职信息；有的同学想回到家乡，就选择省内城市或相邻省份城市，总之，如果仅将眼光局限在一个城市，可能不仅得不到自己想要的职位，甚至还会在秋招中一无所获。当然在给自己的求职城市设定条条框框的同时，必然会有一些机会会错失，这就要求我们保持良好的心态，有得必有失，若执着于追求不可得的十全十美，只会徒增不甘与失落而已。我总觉得年轻的“90后”大可出去走走，世界还那么大，谁知道下一个城市会不会才是你的最爱。

第二个问题是做什么工作，这其中可以分为两个部分，一个是工作的行业，另一个就是工作的性质。前辈们常说要谨慎选择第一份工作，因为这可能会决定你之后的工作方向。确实，选择了一个行业很有可能就会是你一生工作的方向领域。在我找工作之前，我比较心仪的行业是通信行业及医疗行业，有自己明确的行业爱好就可以在秋招中合理地分配自己的精力。因为我研究生期间所研究的课题方向在这两个行业求职中并没有优势，所以也需要调整自己的工作性质。思考一下自己的性格比较外向、活泼好动，很难在长期单一重复性的科研工作中坐得住板凳，所以我将自己的求职工作性质定为技术偏向市场方向，这种与人打交道的工作比相对单一的技术工种更适合我。我认为工作的选择一定要结合自己的兴趣爱好及性格特点，从事一份自己感兴趣的工作可以在很大程度上提升工作幸福感，想想每天熬时间也是一天，何不做做自己感兴趣的事情充实地工作一天呢。所以，在秋招来临之际，不妨先拿出点时间来剖析一下自己，考虑一下自己的兴趣爱好，客观理性地分析一下自己的所长及所短，选择几个心仪的行业作为重点目标，有重点地找工作，做到心中有数。自己心仪的公司前来招聘时，可以按照自己的喜好及特长投递几个适合的岗位，就像高考填报志愿一样，多给自己几个机会，也给公司留下一个谦逊、向往进入他们公司的印象。找工作已经很难了，何必非要让自己“难上加难”呢？

最后一个小tip（小贴士）想要和大家进行分享的就是，在面试中要尽最大可能地保持形象良好。看到我的专业和我签约的工作可以发现，两者之间几乎毫无关系，那为何最后我签约了这份工作呢，答案就是“臭美”。中兴通讯的高级客户接待经理岗位在东北地区不进行人才招聘，在中兴官网上也未看到相关的招聘信息，这个岗位一般只在重庆、四川、西安地区进行招聘，而我最后来到这个岗位也纯属误打误撞。故事还得从2018年9月中兴秋招的面试一面现场说起。出发去华融饭店面试之前，我和室友穿上了之前准备好的衬衫小西装，并且给自己化了一个淡妆，穿上小高跟鞋就去了面试现场，在扫码签到的时候，现场的工作人员在指引我们操作的时候就询问了一下，问我们是否有意愿面试一下客户经理的岗位，当时以为是需要签单的那种客户经理便婉拒了。在正常进行完我所填报的供应链岗位的面试后，因为有事情要询问我便去找了工作人员，或许是我俩之间的沟通出了点问题，我被带到了客户经理的面试桌前，坐在那里的我十分疑惑便说明了自己仅仅是有问题要询问，并无面试意向。公司HR说既然已经过来了，何不面试一下，也当给自己多一个机会。想想十分有道理，在秋招期间确实不能放过任何一个有可能性的机会，于是我进行了高级客户接待经理的面试，并有了后续的视频面试等环节，最后在采购技术工程师与高级客户接待经理这两个岗位中选择了后者。这个选择也与我个人性格、爱好有关，相比之下，我更喜欢资源广、天高任鸟飞的工作环境。但讲这个求职的小波折也是想告诉大家，在面试前还是要注意一下自己的外在形象，不是要你有多好看多亮眼，但应该做到最起码的干净卫生、打扮得体。或许你不想选择与客户相关或者任何需要外在形象的工作，但假如你是HR，面对履历相似的两个人，你是选择蓬头垢面的那一个，还是精致得体的那一个？我想答案不言而喻。

最后我想说的就是，求职过程中其实最重要的就是你对自我的认知，对自己进行详细的剖析，自己给自己一个最想要的求职考试结果，并按照自己的想法去有目的性地奋斗，还有记得要尽可能地“帅帅的”“美美的”。

**编者评语**

“来而不可失者时也，蹈而不可失者机也”。应聘者误打误撞签约海外营销运营部高级客户接待经理职位。善于抓住机遇的人能够成功，善于创造机会的人必定成功。上天只会提供给你契机，就像赠送给很多人的那样。许多人都见过苹果落地，都看到过沸水鼓开壶盖，但只有牛顿发现了万有引力，只有瓦特发明了蒸汽机。机会不会长久驻留，机会来到我们身边仅仅是短暂的瞬间，谁错过了这一瞬间，它绝不会再恩赐第二遍。在人的一生中，不能把注意力过多地集中在“机遇”上，而应放在提高把握客观规律的能力上。不能认为机遇会找上门来，所以自己就守株待兔。相反，应该多学习，改善自身的知识结构，创造机会。这样机遇的到来才会水到渠成，这样可供选择的机会就会增多，对事情发展的预测就更能符合客观实际，抓住机遇的可能性就会大大提高。这样，即使在被动的情况下，也可能变被动为主动。只有时刻准备抓住机遇，机遇才会垂青于你。



## 机会是给有准备的人

**个人简介**

王贵容，女，2016 级材料科学与工程专业硕士研究生；签约单位：航空工业成都飞机工业(集团)有限责任公司；地点：四川省成都市。

20 年寒窗苦读，最终也只为了我们更好地工作，所以在研究生刚入学时，就比较关注就业，那会儿主要是向师兄师姐们请教如何找工作的问题，听从他们的建议，合理安排好研究生两年半的时间，在研二的 8 月之前，完成大部分的实验，并完成中文小论文的撰写。写小论文有助于厘清实验思路，及时补充所需的实验数据，为之后毕业论文的撰写打下基础。在 2018 年 9 月开始秋招之前，做好求职简历，求职简历的模板有很多，我主要选择的是简单大方的模板，再把自己相关的东西写上去，当然，简历不能只做一个，需要针对不同的单位不同的岗位，调整简历的内容。在此，我的建议是把你所有的项目经历、荣誉、学术成果、学生工作、校园/社会经历等都写在一份“总简历”上，再根据自己的求职所需把“总简历”中的内容挑出来做成“求职简历”，这样在你需要不同简历时可以快速地完成简历的制作，节约时间。

对于招聘信息的收集，我的主要途径有三个，一是关注学校的招聘信息，学校官网上有，可以自己查询；二是和小伙伴们一起分享各自的招聘信息，多交流，特别是前期，这样会比较有信心；前面两个途径都不是特别全面，第三个途径是关注应届生求职网黑龙江招聘，每天刷新单位来校信息，这个网站的招聘信息比较全面，可以看到各个单位什么时间去哪个大学宣讲，我一般比较关注来哈工程和哈工大的单位。收集信息时,注意记好相关单位来校的宣讲时间、地点,面试时间,岗位需求,简历投递状态,等等,最好做个电子版表格。这样可以清楚地知道,你之后的每一天需要去哪里,需要准备什么,做到心中有数,不乱阵脚,同时这样做的好处还有一个就是,你投递的简历太多了,到后期可能都记不得投过哪些单位的什么岗位,这时电子表格的作用就可以帮你快速地找到当初投递的岗位要求,帮助特别大。

对于简历的投递,大多数都是网投,网申需要填写的内容其实在之前你的“总简历”上都有,可以直接复制,节省时间。所以,在此强调一下,“总简历”的信息一定要尽量完善,可以为你省去很多麻烦。有的单位是现场投递简历,我的建议是不要交完简历就走,交简历时可以和HR 聊聊,可以先简单地介绍一下你自己及你的专业,问一些你想了解的信息,比如贵单位对我这个专业的需求大不大呀,主要是负责哪块工作呢,等等。让 HR 加深对你的印象,一定要多聊聊,把你的优势展现出来,一定要自信,尽量不要怯场,更不能患得患失(因为没必要呀,你都没有得到,谈何失去呢),特别是你想去的单位,机会可能就在你们的谈话中。



面试技巧,请记住“机会是给有准备的人”,我是在2018 年9 月之前,就开始在网上看别人分享的各种面试技巧,比如群面攻略,面试官可能会问到的一些问题,如你有什么优点、缺点,你人生遇到的最大的困难是什么这类普遍的问题,然后针对这些问题,提前写好自己的答案,回答问题时不要空谈,最好有相应的实例,比如回答你遇到的困难时,一定要具体,重点是要说出你是怎么解决的。以我自己为例吧,当时有面试官也问到了我这样的问题:你遇到的人生最大的困难是什么? 我先故作思考后回答:人生最大的困难,目前还谈不上来,但目前遇到过的最大的困难是团队合作中的一些矛盾,在团队合作的时候,每个人都可以自由坦诚地发表意见,我也会非常认真地聆听、分析,但对于自己的意见,我不会没有原则地放弃,民主后还需要集中。当时,我们报名去参加一个×××国际比赛(简历上注明了),报名之后,大家就一起开始做,但是在距离比赛不到一个月的时候,我们 5 个人里就有 2 个人提出要放弃,因为我们选的那个项目比较难,特别是×××的问题,然后再加上是国际竞赛,所以要求全程用英文表达,但大家的口语都不是特别好,再加上长难的专业词汇,去了估计不会有特别理想的结果,所以他们就想放弃,但是我不想,因为当时我是负责人,我力主继续,因为我觉得×××问题是可以解决的,查阅相关文献,知道有人解决过这个问题,既然有人能做出来,为什么我们不能呢,这是其一;其二是英语口语的问题,正是因为口语不好才需要去练习提高,这是个挑战也是机会,最主要的是我不想半途而废,都做了这么久了,还是想坚持,既然是团队的负责人,我相信自己可以做好,即使失败,我也会主动承担责任,不留遗憾,但如果我只是团队中普通一员的话,即使我不同意大家最后的意见,我也会保留自己的意见,认真执行管理者做出的决定。当然学校不同于公司,情况会更复杂,但是只要抱着对事不对人的态度,问题都能得到解决。最后,在面对队友想要放弃的想法时,我请大家吃了顿饭,认真谈了谈自己的想法,然后重新分组,把两个想放弃的队友分到两个不同的组,一个组负责×××,另一个组负责×××,同时进行,而我负责数据的处理分析,因为之前都是大家一起做,效率并不高,但分开后有了明确的目标,大家都知道自己具体要做的事情了,完成得反而更快了,那段时间,几乎每天都凌晨两三点才回寝室睡觉,特别累,在参加比赛的前一个晚上,我们还彻夜背英文稿子,互相纠正发音,第二天比赛完了,我们在回来的大巴车上都睡着了,太累了,最后,我们拿到了国际竞赛创新组二等奖,当时特等奖 1 个,一等奖 2 个,二等奖 4 个,在全球那么多高校中,还算是个不错的成绩吧,也特别感谢我的团队，感谢他们的付出。以上是我当时面试一家外企的描述，这段话我之所以还记得，是因为在心里已经演绎了 $N$ 多遍了，最后，也拿到了这家外企的 offer。虽然这个故事里有些困难是虚构的，但事情确实是真实的，我也有拿奖的证书原件，说服力度比较大。记住：生活是具体的，面试也是具体的。事情一定要真，这是诚信的问题，也是你自信的来源。这只是我举的其中一个例子，这样具体的例子还有很多，大家可以结合自身“故事”去想想，认真琢磨该怎么描述。面试多了，就会有自己的技巧了，多总结多思考，提前准备。

对于求职过程中遇到的各种彷徨、挫折，与其说是困难，不如说是成长。特别是挫折，每次碰壁都会让我进步。印象最深的是面试一家外企，在专业这一块，他们需求复合材料这一块，我没有项目经验，但为了得到面试的机会，我在网上下载了 2 篇文献，把它吃透，然后把项目也写到简历上去，面试之前还是挺有信心的，准备了那么久，没想到，第一关就是专业面试，特别专业，回答了前两个问题后，人家就直接说，综合能力还不错，可我们这个岗位的专业性比较强，所以……这事对我打击还比较大，但我很感谢这次经验，临走的时候 HR 对我说，小姑娘个性还是挺要强的，也很积极上进、自信，这和我们单位的文化很符合，但可能专业水平还需要再提高。从那以后的每一个面试，我不管是不是我的专业领域内的知识，我都会再去把专业知识看几遍，做到心中自明，这也为我后来面试成功打下了很好的基础。



对于签约抉择，也就是选择单位，没有什么具体的建议，每个人在这一块都有自己的考量，比如离家近、单位待遇好、对象在那里等，我自己主要考虑的是发展，首先考虑的是在所有 offer 中，选择一个适合自己的城市，在那里扎根。这一点，我也是和我导师、父母聊完后，得到了他们过来人的经验，算是一个间接经验吧。

最后说一下坚持，找工作的过程特别磨人，千万不要放弃，这个过程中肯定会遇到不如意、不称心的事情，比如投了很多简历，一周都收不到一个面试通知，这都是很正常的事情，所以一定要坚持，你要相信最后大家都能找到工作，对自己要有信心。

**编者评语**

对就业信息、招聘信息的了解是找工作的关键，尤其是了解各个学校就业网站上的信息，可以知道企业的需求等，并随时准备着投递简历。从文中可以了解到求职者面对各个环节游刃有余，十分自信。自信，并不是狂妄与自傲，而是适时充分地展示自己的能力和才华，让用人单位能看到自己的闪光点，当然，自信心不是说有就有的，它也需要日积月累，我们不应该因自己没有经验而自卑，应该积极争取表现的机会。因为我们敢于迎接挑战，富于创新力，思维活跃，不怕失败，能够勇往直前，勇于面对任何困难。自信的同时，也要善于总结我们的面试经验，两者结合，事半功倍。

# 求职路上，不断期待更好的自己

### 个人简介

宿露，女，2015 级材料科学与工程专业硕士研究生；签约单位：中国商用飞机有限责任公司（简称中国商飞）；地点：上海市。



“每一条河流终究会汇入海洋，我告诉自己，最终总会有该我存在的地方。”2017 年 8 月 18 日，我在日记本里写下了这句话。那是我求职之初，四散投递的简历犹如石沉大海，没有收到一丝回音。那十多天里，我的内心逐渐从找工作之初的好奇到迷茫最后变成了沮丧和自我怀疑，难道真的是我自己能力不够吗？还是我没有努力？寂静的夜里我难以入睡，坐在电脑前看着自己的简历，脑海中回忆着这些天来的经历。“不行，我绝不能放弃，这才刚刚开始。”我内心有一个强烈的声音这样告诉我，所以我在日记本上写下了上面的话，是鼓舞也是告诫。2017 年 8 月 21 日，我收到了海尔集团给予我的人生中的第一个 offer。从那以后，我的求职路愈加平坦，但我一直会记得黎明前的黑暗日子，它让我能沉淀下来看看当下的自己，也能有时间思考未来想走的路。人生不会总是一片坦途，今天我写下这篇文章，回首前路，更想分享的是求职路上的一些个人经历，如果能给予后来人一些勇气和信心，将不胜欣慰。

1. 找准求职方向

我是 2017 年 8 月 6 日左右开始投递简历的，当时是招聘季的开始，同学们的积极性都空前高涨，拿着准备好的简历努力“推销”自己。提到简历，大多数同学都是从师兄师姐那里找到模板然后做相应的文字上的改动。开始时我也是这样做的，但后来我发现，这样用模板做出的简历会大大限制住自己的“闪光点”。比如你的求职方向是工程师类的技术工作，师姐的科研经历丰富，她会在整个简历上突出科研经历这一部分。但如果你的社会活动等荣誉奖项突出，也不能将重点全部放置在荣誉上，而要将其作为“点睛之笔”，科研项目或者所做课题可以详述。这就是关于职业的定位问题，每个人都不尽相同，需根据自身情况做到有的放矢。根据求职的需求不同，我大约做了五份简历，且都附上了成绩证明。师兄师姐的模板一定有其可取之处，有的风格简洁大方、有的重点突出。可参考模板结合自身经历和求职意向，尽量完善自己的简历。谈到求职方向，其实我一开始时对自己的定位并非是工程师，而是行政类的职位（因为我当时想当然地以为行政类的工作要舒适一些，请原谅我当时的肤浅），而海尔给的 offer 也正是行政管理类的职位。当时收到 offer 有三天的时间考虑是否签约，按理说算是得偿所愿，但我却陷入了艰难的选择中。一是青岛并非我的期望城市，二是我开始有些怀疑自己的定位，我想要的是这种生活吗？我学了这么多年的专业没有用处，以后就要做毫不相关的工作吗？之后我和在那里工作的师兄沟通了一下，询问了该公司行政类工作负责的范畴及研发类工作的工作内容，几经考虑之后，我拒绝了海尔的 offer，而且认识到自己想要从事的应该是和专业相关的非研发类的工作，这符合我的性格，也能发挥我的专业优势。所以这次经历也使我清晰地确定了以后求职的自我定位。

第二个接到的是海信集团的面试，这是我第一次参加无领导小组环节的面试，所以我提前在网上查找了面经，面试的过程也很顺利。然后是英语面，这里要说一句，英语不好其实没什么关系，主要是自信的态度，你的自信很大程度上能得到面试官的赞赏，所以英语面一定要勇敢表达自己，因为我之前做过主持人，所以我觉得这段经历对我的帮助很大，它能让我勇敢自信地表现自己，我想这也是面试成功的原因之一吧。经过了三轮面试后，进入了终面，就是相应部门的人力主管询问一些意愿及薪资要求啦，气氛相对轻松愉快，虽然最后没有选择海信，但这个公司严谨却又轻松的面试氛围给我留下了深刻的印象。

2. 不经意间遇见“你”

我参加中国航发哈尔滨东安航空发动机有限公司的面试是在 2017 年 8 月末，大学本科时的很多师兄师姐都在那里工作，所以自己也事先询问了他们相应的部门及相应的岗位职责。这里说一句，多和已经工作的师兄师姐们沟通真的对自己有很大帮助，你可以获知师兄师姐所在公司的招聘信息甚至是行业信息，我特别感谢在求职期间师兄师姐们对我的耐心解答和无私帮助，在此致敬。东安公司共有两面，二面时起了个大早花了一个半小时去公司进行的面试，面试时还幸运地碰见了同系的同学，整个过程也是很轻松，7 个面试官分别提问了一些专业问题和家庭情况就结束了。不过因为当天起得太早，状态也不是很好，安排我去的部门也和自己的期望不符合，所以没拿到最终的 offer。

当天我急匆匆地面试完东安公司，才想起来自己中午还有一个面试，由于东安距离市区较远，所以我提前给即将要面试的公司的 HR 打了一个电话道歉并说明了情况，调换到了最后几个的面试顺序。赶到那里刚好是二面技术面，然后是终面，整个下来人都是懵的，然后就结束了。拿到了想要的质量管理职位的 offer，这家公司也就是我后来决定要入职的中国商飞有限公司，说真的，到现在我也不太记得自己具体说了什么，就像我每次面试一样，介绍自己及自己的课题研究方向，获得的荣誉，等等。如果说一定要找一个面试成功的原因，我觉得是前期准备，包括明确的职业定位、简历的准备及前期自我有意识地参加面试锻炼自己吧。总而言之，当时我还没有下定决心要去这个公司，因为觉得自己还可以再寻找一下努力一下，尝试能不能继续挑战看看，这和我自己的性格有关，我超级喜欢看篮球比赛，所以我相信不到最后一秒哨声响起，都不算是结束。

3. 你可以成为更好的自己

在 2017 年 9 月初的求职期间，我也有意识地锻炼自己的面试能力，参加了很多公司的面试，也学到了很多经验。比如京东方科技集团股份有限公司（简称京东方）、联想有限公司（简称联想）、比亚迪股份有限公司（简称比亚迪）等，他们的共同点是，都有与我的目标相应的岗位需求。看着周围同学有的 offer 已经两三个了，大家的心态很容易焦虑和自我否定。其实这个时候，放平心态多参加一些面试锻炼自己是有好处的，因为胜利的曙光马上就可以看见了，求职季即将会迎来“爆发期”。9 月中旬，我收到了七八个面试机会，但没有我所期望的合适的单位，所以为了节约精力，有的放矢地放弃了一些。这期间最重要的是，你要把所有的精力放在自己身上，而不是与他人比较，因为一定会存在比你优秀的人，你不必因为别人的优秀而自卑，而要因为自己的优秀而骄傲，相信你自己吧，你就是独一无二的。

4. 面对选择

2017 年 9 月末，求职季大半已过，我参加了天津力神电池股份有限公司（简称天津力神电池）的面试并成功拿到了力神研究院的 offer，离家不远且新能源这个行业发展还不错，我也在两难中抉择。后来，我参加了中科院金属所的面试，也是管理岗位，在网上投递简历，去沈阳参加了面试拿到offer，金属所科研氛围浓厚，是一个很适合继续做学术研究的地方。这里提一句，其实很多研究所是不会来校园招聘的，一般会先在所内网站上贴出招聘需求。所以还是要广泛搜集信息，多关注多尝试，机会很可能会垂青于你。总之，在我迷茫的时候，回到了家里，和家里人商量了一下，因为家人的想法对我来说也是很重要的参考，后来我们一致决定选择了中国商飞。其实求职的公司无所谓高大上，行业本不分高低，找到适合自己的、能发挥你的优势的工作才是最重要的。当面临职业选择时，多和前辈、老师沟通，他们的眼界毕竟宽阔，综合所有信息之后，再自己做决定。

5. 总结和建议

回首自己的求职路，并没有觉得有十分成功的值得骄傲的经历，但确实有一些教训和总结的经验可以和大家分享。第一，自我定位。材料专业本身找工作就是面向工厂类的制造业公司比较多，作为女生，你对这个行业有没有清晰的认知，对自己有没有明确的认识。比如你想要从事什么职业，这个行业有什么职位适合你，工厂的环境你了解吗，能忍受吗，想跳槽换专业你有没有相应的专业经验，拿什么来证明你的能力可以胜任你专业之外的工作呢？等等。你要在找工作之前考虑清楚且做好相应的准备工作。第二，广泛的信息获取。找工作其实也是考验你信息获取能力的一个过程，机会总在不经意间来临，你能不能抓住呢？其实，求职期间我也错过了几个师兄师姐们所在的很不错的研究所，因为忘记关注招聘信息而追悔莫及。同学们除了关注学校招聘网站及哈工大招聘网站之外，多获取其他招聘信息也可能会给你带来意外惊喜。第三，做好准备、迎接可能的挑战。并不是说从招聘前一个月或者一周来准备面试，而是要在求职季之前就对自己的职业方向有预期，需要哪些方面的证书或者项目经历，学习哪方面的知识，等等，即使最后在求职过程中自我定位发生改变，但有备无患，不要等着临时抱佛脚，那样成效不大。第四，自信的态度。不管你经历了多少的拒之门外和冷眼，都永远不要怀疑自己，我的求职经历中，最让我受益的一点就是在研究生期间作为研究生会副主席，参与策划组织了很多活动，这让我在表达方面没有太多的障碍，而且面对面试官时不会紧张，在面试时最重要的还是表达能力，所以平常应该有意识地锻炼自己这方面的能力。

6. 写在最后

(1)趁着暑假的空闲时间，早些写完毕业论文初稿，这样找工作时就可以全心全意地投入，且在最后也可以用少量时间来修改，而不是占用较多的求职时间去写。而且对于导师来说，也更放心你专心去找工作。

(2)科研项目及科创比赛尽早参加，不管是导师给你的项目还是师兄师姐接手的项目，多了解多参与真的有用，一些企业还是很注重毕业生的科研动手能力的，毕竟我们作为毕业生，除了成绩，最能证明自己科研能力的就是项目经历了。

(3)做好规划，提早网申。大多数公司的招聘都是通过网申，HR看不见本人，简历每天成千上百估计早就看烦了，早发网申简历可以大大提高自己被选中的概率，过了初面，其他的就看你自己现场表现了。

(4)放平心态，多鼓励自己。我的很多同学甚至在第二年春招才找到了心仪已久的工作，所以别放弃，求职是一场持久战，不到哨声响起，一切都不算结束。

可能通篇稍显凌乱，可能文笔也不够精练，但作为一个即将毕业的老学姐，是衷心地希望师弟师妹们都能找到心仪的工作，在求职路上一片坦途。不过即使有些挫折也没有关系，须知黄河尚有澄清日，岂可人无得意时，望与君共勉。

**编者评语**

人生会失去很多，最不能失去的是信心和勇气，信心是廉价的，谁都可以有；信心也是无价的，只有你的信心才能解救困境中的自己。宿露通过多次面试，多次与前辈交流沟通，一步一步走向成功。失败也是一种磨炼，但需要总结经验，正确认识自己。诚实、自信、适度与巧妙的自我表现、机敏的应变能力及优雅大方的仪表是择业的基本要求。



## 以诚动人

**个人简介**

田瑶，女，2016 级材料科学与工程专业硕士研究生；签约单位：中国兵器工业第二〇五研究所；地点：陕西省西安市。

经历了长达 5 个月的“求职大战”后，最终签约了自己满意的工作单位，对于求职过程，有很多心得想和大家分享，希望能够对大家即将面临的求职之路有所帮助。

1. 我的求职路

本科到硕士期间，我像大多数人一样，未经历过求职过程，因此也就是大家所谓的“小白”。在 2017 年的秋季招聘之前，为了能够找到一份满意的工作，我早早做了一些准备工作，比如制作简历、看历届求职达人的经验分享等。2018 年 8 月下旬我正式踏上了我的求职之路，此时虽然学校的秋季招聘还未开始，但一些大企业的网申已经开始了，网申相对来说比较麻烦，此外，每天除了网申，还要完成网申之后的测评。到了 2018 年 9 月中旬，学校的秋招终于开始了，我每天在不同的单位宣讲会之间忙碌奔跑，以及现场投简历。从学校秋招开始后的 10 多天内，身边的人开始陆续接到面试通知，而我投出那么多的简历并没有得到回应，此刻我的内心是比较焦虑的。但是经历过后，我想说这种焦虑并没有必要，因为你没收到面试通知并不是你不优秀，而是你的专业方向与你投的单位或岗位并不符，此刻需要做的就是耐心等待，以及对自己的简历再做修改并进行完善，尽量使自己的研究方向接近单位的需求，来提高自己的成功率。后来我开始偶尔接到面试通知，刚开始面试，自己没有经验也没有准备充分，因此吃了一点亏。所以，在你面试之前一定要做好准备，包括对单位的了解，熟练的中文自我介绍，以及英文自我介绍（有些单位会有），只有有了充分的准备，才能让你在面试时更自信、更优秀。针对自己的不足，我做了改进，在后来的面试中，顺利通过某大型国企的四轮面试，进入最后一个环节——意向沟通会（就是在我们这群人里，每个人表达自己是否愿意去，在这些人里再进行最终的选拔），在沟通会中，我表达了自己强烈想去的愿望，遗憾的是，我这次落选了。事后和被录用的同学探讨成功经验发现，她在整个应聘过程中所表现出的诚意远远比我强烈，比如她对企业文化的了解让 HR 清楚记住了她。吸取这次失败经验之后，我对每个面试单位做了比之前更充分的准备，除了自己扎实的专业知识外，还会从网上多方面搜集单位的情况，比如单位主要做什么，想想自己的哪方面特质与单位的需求可以契合，单位的文化，也可以看一些单位的新闻，进行全面的了解。国庆节过后，2018 年 10 月中旬，我参加了某国企单位的面试，从宣讲会开始，就与单位老师表达自己想去的愿望，之后接到该单位的面试通知，在面试过程中因为准备充分，我表现自信，最终顺利收到了 offer。由于这家单位离家太远，虽然收到了 offer，但是我一直在犹豫，想找离家乡近一些的单位。其间，家乡某单位来宣讲，我投递简历，但未收到面试通知，身边有小伙伴收到了，从他那里我知道了面试地点和面试时间，我就开始了我的各种“不要脸”的求职之路，我按照那个时间和地点去该家乡单位霸面，幸运的是该单位给了我这次机会，面试过程很顺利，但由于某个原因被拒，虽然这次霸面失败，但是我没有气馁，毕竟霸面这条路是可行的，倘若有你中意的单位但还没给面试通知，这个时候你完全可以厚着脸皮去霸面，万一成功呢？而且我身边也有霸面成功的例子。2018 年 11 月下旬家乡的另一个单位来宣讲，此时跑招聘会的人慢慢减少，这个时候对我来说是个优势，宣讲会结束后，我向 HR 进行了自我推荐和表达了自己回家乡发展的强烈愿望，HR 说他们女生已经招满了，需要男生。讲真的，单位在招聘过程中确实大都倾向要男生，毕竟女生就业后要面临很多问题，这都是可以理解的，但不是说女生就不可以，努力争取总有机会的。后来我将我“死缠烂打”的“不要脸”求职模式进行到底，2018 年 11 月下旬我给这家单位打了电话，简单介绍了自己，此时被婉拒，2019 年 2 月底我又给这家单位打了电话，表达了我想去的愿望，单位人事同样说女生招满，但是我了解到这家单位要来哈尔滨大型专场招聘，我又前去应聘，人事认出了我，说看我眼熟，我就顺势说我想去贵单位，单位人事看出了我的诚意，就给了我机会，最终给了 offer。根据之前的经验，加上自己的不断努力，我一次又一次地和中国兵器二〇五所联系，极力推荐自己，上网了解单位的情况，将自身的优势与单位的需求相契合，最终很幸运地拿到了中国兵器工业二〇五所的 offer，这也是我最满意的单位，所以最终签约。

2. 求职建议

(1) 我的切身感受是，不要海投简历，找工作之前多了解了解单位，选中自己中意的几家单位，然后对中意的单位多方面了解，并针对单位需求使自己的简历内容尽量与其契合；

(2) 找工作时穿衣得体，尽量着正装，让 HR 看到你对工作及对他们单位重视的态度；

(3) 自信很重要，但这个前提就是你要做好准备，充分发挥自己的特长，让 HR 认为你是不可替代的；

(4) “霸面”也可行，只要你很中意某家单位，但是你未收到面试通知，完全可以去拼力一搏；

(5) “不要脸”也是通往成功的一条小路，只要你满足招聘条件，你就完全可以以各种“不要脸”的方式去表达自己的诚意，相信只要你努力就能有回报。

最后，祝大家都找到自己满意的工作，通向人生巅峰。

**编者评语**

历经 5 个月的厮杀，最终拿到心仪企业的 offer。工科女生求职相较于男生有着天然劣势，但田瑶同学凭借自己的不懈努力得到了优秀企业的认可。与大多数人一样,田瑶初次找工作,对于制作简历、面试仍是“小白”。但她着手准备时间较早,在秋招前就进行了相关调研,先其他同学一步。倘若有你中意的单位但还没给面试通知,这个时候你完全可以厚着脸皮去霸面,万一成功呢? 毕竟女生就业后要面临很多问题,这都是可以理解的,但不是说女生就不可以,努力争取总是有机会的。明者因时而变,智者随事而制。要留意任何可利用的瞬间,机会到了,莫失之交臂,遗憾终生。



# 1.3　求职基本方法篇

## 9 月,从求学到就业

### 个人简介

才广,男,2016 级材料科学与工程专业硕士研究生;签约单位:中航工业直升机设计研究所;地点:天津市。

本人于 2018 年秋季学期签约至中航工业直升机设计研究所。中航直升机设计研究所创建于 1969 年,是中国航空工业集团公司成员单位,隶属中航直升机有限责任公司。

我将从自身求职经历出发,对简历制作、招聘信息收集、简历投递、面试技巧及签约抉择五大方面进行经验分享。下文仅是本人经验所得,可能会有一些不够深入和不够完善的地方,欢迎大家批评指正,望各位酌情采用。

在简历制作方面,首先,我个人建议无论经历多么丰富,都最好将其浓缩在一页纸上,简历应主要包括个人信息、教育经历、项目经历、工作经历、相关技能、自我评价及兴趣爱好等几个板块。因为 HR 每天都要审阅无数份简历,刷简历的速度堪比高考阅卷。简历本就是简要描述过往经历,过多的内容介绍反而会形成累赘。其次,弱化劣势板块与不相关信息,在上述简历板块中,如果有一些是自己并不占优势但又必须要写的,就要想方设法一笔带过,比如教育经历。HR 们也都是从学生过来的,并且阅人无数,知道每个学校的好坏与专业的设置,除非是非常顶级的大学,需要用名牌效应来引起面试官注意,否则就不要强化教育背景,但是如果成绩好,就要写出成绩和排名。再一个是次要板块,比如自我评价和兴趣爱好,这一板块的设置主要是为了体现工作外的人物性格,让人看起来不那么死板拘束,大部分都是自夸,没什么技术含量,简单带过就好,不要喧宾夺主。最重要的是,强化重点板块的核心竞争力,HR 和面试官是为了给自己寻找合适的下属才会有招聘这种行为,他们要的是有相关能力,简短入职培训后就能够投入岗位的员工。有些简历看起来方方面面都很优秀,但就是没得到面试机会,其原因就是岗位匹配度不够,因此我们在写简历的时候,很重要的一点就是研究岗位需求和岗位职责,简单讲,就是针对不同单位的不同岗位,我们应该对简历进行合理调整。能做到岗位匹配，我们就相当于拿到了一个及格分，但有相关项目工作经历的人很多，想脱颖而出得到面试机会，就必须具备与之对应的核心竞争力。最后，千万不要夸大自身的能力，注意区分“精通”“熟练”“熟悉”“接触过”“使用过”“负责”“协助”等词汇在不同场景下的使用。HR和面试官都是专业的，随便交流两句就可以知道求职者的真实水平，宁可写得保守点，在面试时好好表现，也不要言过其实，最后在现场尴尬，这样会给面试官留下极差的印象，认为这个人很浮夸不踏实。

在招聘信息收集方面，我建议关注招生就业网（如哈工程和哈工大的）、相关单位的招聘平台及其余招聘网站等信息公告。个人认为就业信息网最为重要，所公布的招聘信息已经过学校老师审核把关和分类区分，利于应届生的快速检索，而且哈工程和哈工大还是各招聘单位入驻黑龙江省招聘的两所重点高校，同时负责就业的学院老师也会把就业消息第一时间转发至学院年级群，大家都应该时常翻阅查看，以防疏漏，每天至少要浏览两次。此外，如果自己已有几个心仪的单位去向，应该多关注这些单位官网的招聘信息，包括暑期实践及招聘宣讲通知等，可以单独启用一个浏览器，将这些单位的招聘平台加入收藏，方便查找。

在简历投递方面，个人不建议“海投”，因为如今投递简历都要求网投简历，应聘者需要填写很多信息，相当于把简历的内容一一复制粘贴进网页，之后还要参加各种测评，过多的乱投简历不仅浪费自身的时间和精力，也会造成所投各家单位都是草草了事，最后竹篮打水一场空。我认为正确的简历投递方式应该是，在投简历前，应针对自身实际情况及对工作地域、行业的选择，做到有目标、有方向地去投递简历，这样的效果会更加理想，甚至能达到事半功倍的效果。同时对于门槛高的单位，应该敢于去尝试，不能望而却步，能得到难得的面试机会去锻炼下自己，也是一件好事！

在面试技巧方面，我认为主要包括面试前的准备工作和面试中如何推销自己。当你收到一家公司的面试通知后，需要通过查阅资料来对这家公司有一定的初步了解，还要针对所投岗位的常规面试问题，结合自身的特质和经验，整理出一个有逻辑、情感上能打动人的答案。在面试中，当面试官问到你没有准备或是不擅长的领域，你可以通过引导式的提问，把话题引到你熟悉的领域、你有准备的内容上去。同时，一些注意事项是需要大家谨记的，比如在面试初期，薪资待遇等敏感话题应聘者不应主动提出，因为如果面试官有录用你的倾向，在后期洽谈中他们会主动引出这些内容，我认为待遇只是工作的一小方面，更应看重工作单位的平台与发展前景。大家请记住心态一定要放轻松，不要过于紧张，紧张就容易慌，慌就容易出错！

最后谈一谈签约抉择方面，现如今在面试结束后，一旦你收到录取通知，单位只会给你很少的考虑时间。工作招聘是应聘者和应聘单位的“双向选择”，所谓的“抢人”计划也就很容易解释啦。但是作为应届生，面对秋季校招的机会，一定要慎重把握，充分考虑好自己理想的工作地点和行业发展，以及是否要等待后续更加理想的单位应聘，再做决定。因为这不仅仅是误签后上交几千块违约金的问题，它所体现的是一个人对于工作应聘的方向把控能力。当然，如果选择拒绝，个人觉得大家应该出于礼貌考虑，对于招聘单位同样给予消息回应。

应届生的第一份工作对个人来说至关重要，甚至影响着一个人未来几十年的发展走向，马虎不得。因为在三五年内很难换工作，应届生找工作，面试官看重的是你的学校、专业、成绩等等，一旦入职后再想换工作，那就完全凭借自身的能力。当你想跳槽时，你已经不是应届生，既没有高人一等的工作能力，又没有丰富的工作经验，注定会被时代的洪流所吞噬。

秋招阶段，许许多多应届生为能找到一份称心如意的工作，都快走火入魔了，大家都会存在焦虑而紧张的心情。作为千万求职大军中的一员，如果你能早一些准备，用乐观的心态去直面所要经历的刁难与问题，你就必将是一位胜利者。从求学到就业，是每一位毕业生必须经历的转变。最后希望各位学弟学妹能把握住时代的发展机遇，找到一份理想的工作，在岗位上展现当代青年的飒爽英姿，为祖国大好河山的建设添砖加瓦。

**编者评语**

秋招阶段，想要从千万求职大军中脱颖而出找到一份称心如意的工作，首先，你需要保持积极乐观的心态；其次，准备一份精炼的简历，形式上板块分布完善，内容上针对公司应聘岗位突出在该领域的匹配度来强化你的核心竞争力。关于面试，提前做好准备工作，最重要的是在面试过程中如何推销自己，尽量把话题引向自己擅长的领域，对于敏感话题应聘者不应主动提出。面对秋招，大家多多少少都会存在一些焦虑和紧张，不过不用太紧张，做好充分准备，敢于尝试、注意发挥自身优势，一定能找到一份理想的工作。



## 求职路上不相信眼泪

**个人简介**

何斌，男，2016级材料科学与工程专业硕士研究生；签约单位：中兴智能科技有限公司；地址：湖南省长沙市。

我叫何斌，是腐蚀科学与表面技术研究所的一名研究生，从2018年9月3号开始投递简历，到10月初差不多定下来，求职过程大概就是一个月的时间。我把在求职过程中的经验、教训及感想和大家分享一下吧，希望能给大家一点帮助。当然，这些仅是个人的建议，每个人的路和要求不同，此分享仅供参考。

先说一下结果吧，我目前签的这家企业是我意料之外的，但我对这家企业非常满意。这家企业的名字叫中兴通讯(国企)，相信大家听说过吧，我的求职岗位是供应链方向的，具体岗位是制造管理经理，主要负责质量方向。下面是我在找工作时候的感受与经验。

在即将面临找工作的时候，我的心情是忐忑的、害怕的，因为这是我第一次找工作，不知道找工作是什么过程，而且听之前的师兄师姐谈论的时候，觉得找工作压力很大，过程也比较复杂，要制作各种简历、参加各种面试及面试过程中会遇到很多意想不到的问题等。自那时候开始，我对找工作就有一种忐忑和不安，同时还有一丝期待。时间一点点逼近，我也开始正式找工作了。

我一开始的感受就是团队和交流很重要。我所说的团队就是和你一起找工作的那些同学，不要把他们当作你的竞争者，而是把他们当作你的合作者。因为只有在对比和信息互换中，你才能看出自己的缺点及优势。

首先在简历制作上，不能闭门造车，多参考，多比较，最重要的是既符合实际情况，又要显得有内涵。建议针对不同的企业、不同的岗位制作不同的简历，内容可以大致相同，但是得投其所好；同时简历里面的内容需要连贯、完整。就拿我来说吧，找工作对于我这个初出茅庐的学生来说，无疑是困难的，就连简历的制作都是马马虎虎，从而无法在网上简历的筛选中脱颖而出，这使得我在一开始投递的简历都石沉大海，杳无音信，而身边的人却接二连三地收到了面试通知。那时候的我就如同热锅上的蚂蚁一样，着急却不知道怎么办。而在这关键的时候，团队的力量体现出来了。还好有他们在，让我在求职过程中少走了很多弯路。他们是和我一届的，同属于一个实验室的兄弟们。在我孤军奋战屡屡失败后，他们给我带来希望，给了我很多建议，从而使得我在接下来的简历投递过程中非常顺利，基本上都能收到回复。



再来说说简历的投递吧。简历的投递在于你自己的心，你心有多大，你就投多少。建议一开始先海投，再有针对性地投递。海投就是只要职位相关就可以进行投递，先不要去管这个企业地点怎样、工资待遇怎样等，因为去不去决定权还是在你自己的手里。海投主要是为了让我们在求职中的过程对自己所制作的简历内容的熟悉，了解简历上的问题，同时还可以很有效且迅速地增加我们的面试经验及技巧。在前期的海投中，我们得到了很好的锻炼，这样，在遇到自己想去的企业的时候，你就无所畏惧了。

有人肯定会好奇，你说的简历我都做好了，但是我怎么才能把它投出去呢？这就涉及了职位信息的获取，不过这也是最简单的。对于职位信息的获取，需要你关注应届生求职网、学校给我们提供的岗位信息及你身边人一起找工作的人提供的信息即可。同时，对于你自己想去的企业需要你自己格外关注，如果应届生求职网上没有你想去的企业的信息，你可以去该企业自己的网站上去寻找。但是，我个人觉得，应届生求职网及学校提供的就业信息已足够了。

前奏说完了，现在就进入面试环节了。正如你前期所准备的，在海投简历获得面试资格后，不管你想不想去，你都得记住这一点，给自己心理暗示，这个企业我就是想去，然后全力以赴，而不是敷衍了事。你要相信，你的每一次的全力以赴，都是在为你即将到来的你心目中的企业加分。然后，在面试过程中，面试官所获得的信息及想要问你的问题大部分都是从简历里面提取出来的，所以，你需要对你的简历十分熟悉，不要打无准备的仗；其次是你要在面试过程中直面面试官，体现出你的自信，不要去在意你本科学校好不好（如果像我一样本科出身不好的话），既然你已经获得了面试资格，就说明面试官觉得你还可以，给了你一次机会，所以，要自信地把握这机会，但凡他问及你本科学校怎样了，你都不要觉得自己差，你要让他知道，虽然我本科出身不好，但是我却通过自己的奋斗努力提升到了和他们一样的层面，甚至超过了他们，这正好也体现了我的不同和能力不比本科出身好的人差等方面；同时，要学会变通，在面试过程中不能太自信，也要保持谦卑的姿态，这能为你在面试过程中加不少分；千万不要冷场，自己主动找话题聊，这样能让面试官摆脱无聊的面试过程，也不想煞费苦心去找问题问你。但凡涉及面试，你必须要对你所面试的企业有最基本的了解，对你的岗位有一定的认识，然后在回答及自动找话题与面试官交流的时候，把你所了解的加进去，这样会让面试官觉得你是很想来我这里工作，而不是来混面试的，为自己打一个印象分。最后，在面试前自己先准备几个问题问自己，提前适应面试过程的问答节奏。

面试环节说完了，最后到了签约环节了。前面的环节主动权都是在他们的手里，而这个环节主动权在你的手里，所以，你也有选择的权利了。前面说的在大量海投及全力以赴的面试后，肯定会收到很多的offer。所以，在选择介绍哪家offer时你就需要慎重考虑了。我个人觉得主要分以下几个方面：企业性质、行业发展、薪资待遇、工作地点及自身情况。具体的也不用多说什么了，就拿自己举例说明吧，我自己在求职过程中也拿到了不少的offer，如深圳市特发信息股份有限公司（简称特发）、海尔、重庆前卫科技集团有限公司（简称前卫科技）、美的、中兴、中车等。这让我头疼了一段时间，最后选择了中兴，其主要原因有以下几点：一是我想去一个能赚钱的企业，说现实一点，我需要钱；而且我是南方人，我想回南方，想离家近点；二是我目前所在的企业发展好，且人文关怀好。综上我选择了中兴。

最后一点，其实找工作是一个不断认识自我、挑战自我、超越自我的过程，而在这过程中你就会慢慢发现自己的方向及自己到底需要什么。脚踏实地，好好锻炼自己，做一个成熟稳重睿智的人。同时，在工作过程中也非常考验心态，所以，愿你们在求职过程中戒骄戒躁，为了自己的未来，加油拼！最后祝你们顺利！



**编者评语**

从孤军奋战到团队作战，从一窍不通到手到擒来，仅仅一个月的求职过程让何斌从一个求职新人变成了求职老手。在求职的过程中需要注意的内容纷繁复杂，需要筛选的信息种类繁多，简历怎么做？招聘信息去哪儿看？面试怎么准备？怎么去做好每一项都会对求职过程产生至关重要的影响，但毕竟没有人是天才，可以对这一切内容都信手拈来，这其中所走的每一步、遇到的每一个问题都需要和身边的同学去学习去讨论，路漫漫其修远兮，吾将上下而求索。放低身段，寻求合作，最后正如作者所说，愿读者在未来求职的过程中戒骄戒躁，为了自己的未来，加油拼！

## 去华为，没有那么难

**个人简介**

米嘉，男，2017级材料科学与工程专业硕士研究生；签约单位：华为；地址：广东省深圳市。

华为作为一个国际化的大公司，每年都是无数求职者心仪的对象，因此在求职过程中的每一步都至关重要，只有做到有所准备，才能把握住成功的机会。

在求职前的准备工作上，要多丰富自己的简历，利用好时间，我在硕士期间考取雅思6.5，曾参加三次创新创业大赛并获奖。学术方面更要重视，在面试当中，学术成果是证明学习能力的重要指标。最好要提前准备好目标企业公司，提前做好准备，多多关注求职的信息，多多尝试。学校在2019年6月就有航天八院的招聘，要及时查看求职信息。要认真准备简历，大多数都是网上投递简历，但自己的纸质简历一定要认真准备。在一对一面试过程中，纸质简历是面试官主要的提问依据。在简历制作过程中，要想好自己的竞争力在什么地方，一定要安排在简历的核心位置，同时也要看好不同公司不同岗位的需求，建议准备多份简历。

此外,暑期,建议参加一些大公司的实习或者多参与导师的项目,在专业面试当中,项目实习是面试官比较看重的。

在求职时间线上,2019年8月末,华为有一次优招,要积极参与,由于优招的offer会在9月末才开始发放,最好不要一直等华为。9月初会有大量企业开始宣讲,不要放弃机会。我在参与优招结束之后,同时又参与得到了中兴、宁德时代新能源科技有限公司(CATL)、北京中航智科技有限公司(简称中航智科技)、航天八院复材中心等的offer。

8月末华为优招的主要流程:在网上申请了之后,很快就会收到面试通知。项目经理和硬件开发工程师是一起面的,所有人几乎都是穿正装。

(1)第一轮是7+7群面,进到会议室分为左右两组各7人,自由顺序进行自我介绍,大概介绍基本信息,比较关注职业规划。面试官很直接,一上来便指定了组长,两位组长同时到展板写下题目答案。然后开始发言,发言机会有限,要抓紧机会。之后又问了一些问题,包括你认为表现最好的三个和表现最差的一个是谁。这一轮走了很少的人。

(2)然后是等待专业面,不懂ICT行业技术没关系,把自己的学习能力表现出来就好。

(3)之后是等待总监面,类似于压力面试,面试官一直不笑,看成绩单,让你说一下印象最深的项目。保持好心态有逻辑性地说就行了。

(4)最后是英语上机测试。对着电脑简单地读一些句子,有些英语选择题(让你判断句子的意思是什么),还有口语题(比如介绍你所在城市的特点,每人两个口语题,各说一分钟)。

(5)因为我的简历投得比较晚(相比于其他优招的同学),所以综合测试是回学校以后才补的。就是一个性格测试,尽量岔开选,不然题目会重复出现,导致时间紧张。整个过程中最看重的一个问题是你是否接受外派,是否害怕条件艰苦。

2019年9月15号,华为开始的正式校园招聘,主要流程如下。

网申:华为供应链是个部门名,网申时报的岗位都是供应链管理工程师,然后具体到下属哪个部门哪个岗位中去要入职时再定。

测评:测评如实测就好了,我觉得不用给自己代入什么人设;如果第一次没过会以"系统有误"的理由再给你一次机会,再测一次。群面:人数众多,20人左右分成两组,对同一个题目分别进行小组讨论;小组讨论后就是压力面了,会问一些比如"你觉得你在小组中的贡献是什么""你觉得你和某同学谁的贡献比较大""你觉得你和某同学淘汰一个应该淘汰谁""有人要淘汰你你认可吗"的问题。

业务面试:主要是从自己专业方向开始,多多说一下自己,从我事前的了解、事中的过程和事后的总结来看,面试官看重的是逻辑思维能力、应变能力和表达能力。逻辑思维能力,比如你自我介绍中说缺点是不懂音乐,就可能会问你"那么多人都不懂音乐,都是缺点吗",再比如以研究生项目经历来例证逻辑思维强,就可能会问你"来面试的研究生都能这么说,这个只能证明具有逻辑思维,但你怎么能证明为什么比别人强",诸如此类,始终再找你话中的逻辑漏洞;应变能力,其实在面试官向你质疑的时候,也一定程度上通过你的反应考察了你的应变能力;表达能力,这个没什么说的,话说得完善再加自信点就行。

综合面试:还是因为不限专业的原因,综合面和业务面并没有太明确的问题界限的区分;通过跟其他人的交流中一致认为,这一环节比较考验的是你能否通过描述事件背景、任务、做法和结果来例证你的某种能力,保洁八大问可以准备一下。

后续等 offer 和签约情况，面试完当天电话通知参加第 2 天的座谈会，大概介绍一下部门和岗位。可以明确的是参加座谈会的都是面试通过的，但不都是能拿 offer 的，且面试通过的也远不止这些人。面试完一周后会收到“你已完成所有面试”的短信和邮件，同样只说明面试通过进入资源池了而已，与发不发 offer 无关。面试完两周发第一批 offer，此时还未收到 offer 的同学不用急，后续会有第二批，但建议不要死等华为，因为所谓第二批也是因为第一批有人拒了才空出来名额。往年有不少等华为第二批但最后没拿 offer 也影响了别的签约的例子。

总结一下，不用紧张，华为的面试还是比较正规的，基本是你怀着紧张的心情进去面试但是聊几句就放松了。哪怕是有一些你实在答不上来的问题，也不用着急，很多面试通过的同学都有很多问题不是回答得很好，但是一定最好保持良好的态度和清晰的思路，至少在几个问题中体现一下自己的能力。准备怎么算充分？其实我觉得准备过程就是一个考虑怎样把自己表达出来的过程，我到最后的状态是除了自我介绍没有什么十分具体的东西，但是要想好自己的优势，概括成几个点几个块，并且考虑好几个面试官可能问的问题，这样不论面试官怎么考察你，你都言之有物，把所记住的要点和问题转换一下，贴近面试官的问题展开来谈，这样任何问题都是以不变应万变，你记住的都是你的优势和特点，围绕着这些东西说，肯定不会有什么差错。但也要记住要正面回答面试官的问题，太花哨地兜圈子没什么太大的意义，以自己记住的要点和听到问题时第一反应的真实感觉相结合，相信在回答任何问题时都会游刃有余。



**编者评语**

华为公司一直以来都是众多学子向往的目标，其平台所带来的机会也令人向往，但同时其应聘的要求和难度有目共睹，文中的面试技巧也许就是他的秘密武器。文中描绘的应聘经验内容全面且又不失细节描述，从多个角度进行剖析，将应聘华为公司所需了解的一切都呈现于文字当中，而这些内容同时也适用于其他大型公司。正所谓欲穷千里目，更上一层楼，了解大公司的套路对将来的面试一定大有益处，希望这篇文章能为渴望更高平台的你提供更好的帮助。

## 我们就这样毕业了吗？

**个人简介**

孙焕政，男，2017 级化学工程专业硕士研究生；签约单位：华星光电技术有限公司（简称华星光电）；地点：广东省深圳市。

两年的硕士求学浑浑噩噩，既没有发愤学习，也未曾撒欢尽逍遥。时间快到让我还没来得及享受便就要匆忙收拾准备毕业了。原本一段美好的求学路，活生生被我走出了赶场的印迹。该上课了、该考试了、该开题了、该实验了、该开组会了、该找工作了……无休止地被身边同学、好友、同门拖拽着往前跑，甚至自己都没来得反思这一步的意义是什么，便又被裹挟在人群里朝下一个任务摇旗呐喊着奔去，生怕自己比别人慢半步。自我反思，开始一件事情之前，最重要的不是为了寻求结果而盲目地赶速度，相反，问自己一句“我追求什么，想要什么、能做什么”或许能让你内心有所沉淀。“欲速则不达”的道理值得我们每一个人铭刻在心。因为自己九、十月份这一黄金求职期一直在备战考博，所以求职经历较为单一，如果非要有一个总结，那就是“两份简历换来的工作”。下面我将自己的求职经历从知识储备、简历制作、面试技巧及注意事项四方面做一简要介绍，希望能对看到此文的师弟师妹们有所借鉴。

1. 知识储备

首先，知识储备绝非单一的专业基础知识的储备，如何增强自己的“知识储备”这一问题或许可以通过王国维先生的人生三境界来做个解答：古今之成大事业、大学问者，必经过三种之境界：“昨夜西风凋碧树，独上高楼，望尽天涯路。”此第一境也。“衣带渐宽终不悔，为伊消得人憔悴。”此第二境也。“众里寻他千百度，蓦然回首，那人却在灯火阑珊处”。此第三境也。当年千军万马踏过高考这道坎以后，好像再也没有为梦想这么努力拼过。

我想通过两个亲身经历的小故事来加深大家的印象：和某意向科研院所的面试官聊天过程中，陆续有几个同学上前咨询并投递简历。先来的是A同学，HR瞄了一眼简历，几秒钟后便以“今年我们单位打算多招几个男生的理由”退还了回去，A同学悻悻地走掉了。看到A同学的遭遇，我天真地以为后续投递简历的女同学都会是同样的遭遇，殊不知接下来发生的事，让我光速打脸。“善变”的HR用了不到一分钟的时间，便收下前来咨询女同学B的简历，满心欢喜地和她交流了起来。事后我问他为什么同样的学历，都是女生，结果却截然相反呢？他把B同学的简历递给我，说：你看看人家学习能力真的强，学院前5%，拿过国奖……那一刻我才知道，在实力面前，所有的规则都是可以改变的。成飞2018秋季在材化学院招聘的几位同学里，学历有高低、性别有男女，唯一的共同点就是他们的学习成绩都是前10%。别再继续沉浸在“我第一学历好、我是男生好找工作”的自我优越感里了，如果性别或第一学历影响的是你是否能进入面试，那么学习成绩、英语水平就足以让你面试过后铩羽而归。因此，关于硕士阶段知识储备我的建议有四点。

(1)努力学习专业课知识，能考多高考多高。你的分数会在你研究生后续阶段评奖评优、找工作等节点处发挥出出人意料的作用。

(2)多读文献、多查资料，越早开始越好，为后续阶段的科研任务打下基础。清晰的思路在你做实验、做汇报、写论文等关键时刻必不可少，同样也会让你少走很多弯路。这样，在找工作时简历里科研项目参与情况那一栏才不至于无话可写。

(3)提升自我。读想读的书、看你想看的节目等都可以。正可谓处处留心皆学问，人情练达即文章。

(4)提升自己的英语水平。背单词、读外文文献、打卡阅读等方式都可以，别让自己在求知的年龄过得太轻松。今天你不想挑的担子，生活会在未来的某个地方毫无保留的全部还给你。毕竟出来混，迟早要还的！

2. 简历制作

简历水平的高低绝非学术能力的排序，制作简历犹如女生化妆，适合的才是最美的。真正的简历没有统一规范、没有行业标准等，如何让自己的简历脱颖而出，吸引HR的眼球则显得尤为重要。一份简历最重要的是匹配，是否匹配是由你的背景/经历/经验/技能和岗位需求决定的，而能够准确、有效的传达出去你的匹配就是一份高质量的简历，它应该满足5个基本规则：篇幅一页、排版整洁、重点突出、文字精练、无格式错误。

（1）篇幅一页：减少HR筛选简历的工作量，降低习惯一页纸简历HR的不适感。如果个人简历内容实在太多，建议正反面打印，可以减少多页简历丢失、散页等情况的出现。一页简历最大的优点在于减少HR的工作量，与人方便便是与己方便。

（2）排版简洁：对自己的简历做减法，而非盲目追求美观而忽略最本质的需求。例如，减少五颜六色的图标和模块分割线、减少因无用内容造成版面的浪费。随着时间推移，简历罗列格式也渐趋统一，例如将最重要的如“学校名称”“公司名称”“职位”等重要信息单独成行、清晰表述。将“时间、地点”等不可缺少而次要关键信息放在右侧。便于简历筛选人员在短时间内捕捉到关键信息。



（3）重点突出：教育经历、科研实践经验、科研项目经历、论文、专利、专著发表情况、重要荣誉奖项、外语、计算机水平等HR继续捕捉到的信息重点突出。每个版块若有多项信息需要展示，按时间倒序进行排列。学校、专业、学历等信息加粗，但不可在简历上进行过多的加粗、下划线或斜体，更不要用颜色划出重点。

（4）文字精练：辞藻简练的本质就是“去除杂质，提取精华”，按不同公司、不同岗位需求去“用心揣摩使其精炼”。整个求职过程通常会持续时间较久，简历做到勤修改、细打磨。

（5）无格式错误：细节决定成败。这句话在简历制作、在线测评、面试等环节都再合适不过。文字错误、标点符号、日期格式等都需要细心地去打磨，做到万无一失。

3. 面试技巧

（1）面试前，去卫生间洗把脸，整理一下自己的仪容仪表，头发是否在赶来面试的路上被吹乱、指甲缝里的污垢是不是清理过、口腔是否存在异味等。细节决定成败！最后面对镜子找一个合适的表情，准备和面试官展开一场“没有硝烟的战争”。

（2）进入面试房间时，房门轻开轻闭，尤其当屋外是大风天气。在落座之前向面试官问好，露出自己的“职业假笑”，为了工作暂时牺牲一下啊。像我这种笑比哭难看的人，强烈建议在进入面试房间前对着镜子找一个合适的表情。这样舒服了别人，也避免尴尬了自己。

（3）面试过程中，多用“咱们、贵公司”，少用“你们”等明显让人感受到隔阂的词语。面试全程，记得带着自己的“职业假笑”，哪怕很假，至少会让面试官感觉很舒服。

（4）面试过程中，面对接二连三的问题，实事求是回答即可。HR见形形色色的面试者成百上千，真诚是当下时代最能打动人的，切莫不懂装懂。

4. 校招面试常见问题

（1）请你做个简要的自我介绍。

介绍内容是简历上文字内容的进阶，可以包括自己与求职岗位最匹配的个性特征、技能、知识，与岗位要求相悖信息切勿提及。学习上，尽量强调自己在学业上的创新和取得的成绩。科研项目或科创立项中，自己的职责及在团队中的地位。生活上，强调出与岗位匹配度高的性格、生活作风和态度，强调自己的团队协作能力等。

（2）说说你自己身上的优点，有何缺点。

此处不可为了优点而优点，毕竟人无完人。优点体现一两点就行，可以举例说明学习、科研、生活中的具体案例及对他人、自己的影响。缺点最好是一些无关痛痒、无伤大雅的缺点，比如见到陌生人会害羞、有点小洁癖……，最后再把话题绕回到优点上。每一个求职者都绕不开这个话题，早做准备早好。

(3)你对自己的未来三年的职业规划。

这是一个人人都不希望被问道，而又不得不面对的问题。个人建议结合自己简历情况向意向岗位上靠拢一些，更为稳妥。面试官总是喜欢有进取心的应聘者，切莫用“不知道”三个字来回答。

上述为我个人在求职路上的一点小心得，文笔有限，还望看到此文的师弟师妹们多多包涵。最后再告诉大家一个小技巧，对于本科出身不好、英语六级没过等存在明显弱势的地方，面试自我介绍时一定要学会先发制人：比如因为我自己的本科学历不好，所以自己在研究生阶段努力学习专业课知识、积极向师兄师姐请教、研究课题上的困惑，此外还会看很多文学作品及史书来锻炼提升自己的思维方式；您也看到我现在六级尚未通过，现在我正在努力学习英语，下阶段全力以赴通过六级。上了研究生我发现英语水平的高低对自己影响很大，现阶段我也正在背雅思单词，平时和同学练练口语，最重要的是想提升自己的英语水平，以后有幸进入咱们单位上班了，我想自己的这个习惯还是会一直保留下去的。诸如此类的原因，大家根据实际情况尽量早做准备，给面试官一种虽然有点不太满意，但听到你这样的回答，想必也会给如此“争气”的你几分人文关怀，最重要的是可以避免被问到自己痛处时的尴尬。最后，预祝正在为求职而准备的你，早日旗开得胜！



**编者评语**

两年的时间短暂且忙碌，秋招的两个月更是如此。研究生阶段，学习成绩和科研能力是评价一个人的重要指标，而简历和面试技巧又是让 HR 了解你的第一张名片，若想找到心仪的工作，无论是内在和外在都要提前准备，宜未雨而绸缪、毋临渴而掘井。孙焕政同学在考博的同时找工作，两份简历换来了满意的工作岗位，这份经验独特且珍贵，希望看到这篇文章的你现在无论离求职有多远的距离，都能珍惜当下的时间努力学习，用几年青春换将来的无怨无悔。

## 求职过程中的那些事

**个人简介**

唐亮，男，2016 级材料科学与工程专业硕士研究生；签约单位：潮州三环(集团)股份有限公司；地点：广东省潮州市。

很高兴能够与大家分享自己的求职心得，下面就我在求职过程中遇到的问题跟大家分享一下，仅代表个人观点，如有不对的地方还请大家批评指正。

我是材料科学与工程专业的一名硕士研究生，来自无机功能材料研究所。在 2018 年的秋季招聘工作中，签约一家中国500强企业——潮州三环集团，岗位是工艺研发岗。潮州三环(集团)股份有限公司成立于1970年，是国家863成果产业化基地、国家高新技术企业，连续多年名列中国电子元件百强前十名。

2018年9月初，大家开始忙着求职，在此期间，有很多研究院所及大型企业来学校招聘。作为一名应届求职者，你首先要做好自己的简历，简历要做到内容充实、重点突出、版面规整，让人看了一目了然，感觉很舒服；特别提醒大家要准备多个不同版本的简历，并熟知简历上的相关知识和内容，保证做到基本知识应答如流。多渠道获取招聘信息，一般来说只要你关注哈工程的公众号就可以了，它基本涵盖了东三省所有的招聘信息；如果有对某个公司特别关注的同学，可以去关注其官网招聘信息；如果有对地域特别要求的同学，可以关注这个地区内各大高校的招聘信息；另外，我们所获得的招聘信息也要及时与大家分享，共同交流才会获得更多的就业信息。



在我们获取到就业信息后，要结合自己的专业特长及所学，去评估自己可以应聘哪个岗位。一方面，可以通过联系已毕业的师兄师姐，以及其他在这家公司工作过的朋友，向他们咨询；另一方面就是现身宣讲会，咨询招聘人员，了解你所关注岗位的特点与分工，并询问自己填报更合适哪个岗位，最后自己做出合理的选择，这样会使自己的成功率得到提高。大型企业一般都需要填写网络版的简历，大家一定要认真填写，切实做到面面俱到，应有尽有，因为这个简历作为初步人员筛选的参考，望大家认真如实填写。网申填写完成后会有一个网络测评，这个测评也需认真填写。一般都是一些心理素质的测试，有的公司如浙江舜宇光学集团、海信集团、CATL等公司是使用公务员的行测考题，这部分题目对我而言比较难，所以我当时去图书馆借书学习了一下这方面的知识。另外，在做这些测试题时可以请求小伙伴的帮助，大家一起助你完成并顺利通过测试。参加面试的前夕，按照规定携带所有材料，穿着要整洁、干净、得体；自己专业方面的知识要准备充分，例如自己参与过的课题及自己研究的课题中所遇到的问题及解决方案，论文的发表情况、研究课题的体会等，根据各公司不同要求提前准备一份中英文自我介绍。

当我们在与HR面对面地交流过程中，坐姿要得体，回答问题要清晰，实事求是，如遇到自己不懂的问题可以根据本专业相关的内容进行回答；若实在没有相关性那就如实回答，切不可不懂装懂、故弄玄虚。我强烈建议大家对着镜子练习一下表达，有精力的话可以录下来，寻找自己的不足，并改正自己的小毛病及不经意的小动作。很多大型企业的第一次面试是无领导小组讨论，该过程要尽量多发言，争取在讨论的过程中做一个领导者，并把握好自由讨论的时间及提醒其他成员。切记，不可攻击及全面否定他人的言论，不可提前查看放在你面前的考题。也不要不发言及一味地支持他人，我们要善于表达自己的观点。若想进一步掌握这方面的技巧，我们可以向图书馆借阅相关书籍进行学习。

如果能顺利通过一面，然后就开始进入二面——进行专业性的面试。首先要做到自信，一个人自信的时候，可能并不会得到别人的赏识；但是不自信的时候，则一定不会得到别人的赏识。学校里的成绩好坏和经历是否丰富跟用人单位是否选择你实际上没有必然的联系，在面对的竞争对手中有人成绩比你好，抑或是实践经历比你丰富时，那也无须想太多，以饱满的精神状态，充满自信地展示自己就好了。自信，才是我们制胜的法宝。顺利通过二面后，下一步就是企业跟你协商是否签约的事宜。

一定要谨慎签约,综合考虑家庭、地域、个人发展前景等因素。建议大家在招聘季的前期大量投递简历,以获取面试经历,后期再开始有目标地投递简历,后期在投递简历前可以事先假想一下,假如自己被录用是否真的决定去,然后回过头来再决定是否真的投递简历。后期的求职时间对我们来说非常重要,需有效合理地去安排;注意不要跟身边的同学去比较,不要慌,坚持自己的原则。签约前要再次与父母、朋友进行商讨,最终做出合理的选择。

在2018年的秋季招聘工作中,我也面临很多的求职问题。在求职初期,首先面试的是潍坊的歌尔声学集团,投递岗位是青岛地区的材料开发岗位,最终录用岗位是潍坊地区的材料开发岗,该公司安排比较合理,给大家留出一个多月的考虑时间;然后分别面试过徐工、海尔、海信、华星光电、ATL、潍柴及舜宇光学科技(集团)有限公司(简称舜宇光学)等。当时已进入9月末,看到身边的朋友已经收到很多大型企业的录用通知,自己却只有歌尔、海尔和舜宇光学的录用有点失落。当时的眼光仅局限在这三家企业,感觉后期没有什么好的企业,仅仅拿这三家企业做对比,存在极大的局限性。没有同家人及朋友深入地讨论研究,便匆忙签约了舜宇光学,为后期的解约事宜埋下了伏笔。后期,我又陆续面试了山东的几家知名企业,如烟台的万润公司,再综合考虑薪资及工作性质这两方面后,自己不是很满意。等到潮州三环集团来我校招聘时,已经完成与舜宇的签约,没想到自己能通过三环的面试,说明自己的自信度不够。与家人及朋友详细讨论后做出决定,随后便联系导员进行相关的解约事宜,并在李导的大力帮助下完成解约,顺利签约三环集团。在这里告诫大家,求职一定要自信,坚持到最后谨慎签约,后期会有一些大型企业进行秋招补录及春招工作的进行。

另外,祝愿大家找到称心的工作!

**编者评语**

情不知所起,一往而深。曲折的求职之路,由于所处环境的原因艰难且孤独。唐亮同学书写的文字中饱含情感,可以看到其在求职的过程中面对的困难与压力,他用自己的故事告诉我们选择权在自己手里,也用自己的经历告诉我们只要有一点希望就别轻言放弃。“不经一番寒彻骨,怎得梅花扑鼻香。”无论作者的经历能否与现在的你产生共鸣,都希望作者的经验和方法能够为正在求职或将要求职的你带来信心和经验。

## 回家的“诱惑”

**个人简介**

王强,男,2016级材料科学与工程专业硕士研究生,就业单位:中国航发西安航空发动机有限公司;地点:陕西省西安市。

亲爱的各位师弟师妹大家好,我是2016级金属材料研究所学硕王强,很高兴能在这里和大家分享我的个人求职经验,希望对各位师弟师妹后续求职能有所帮助。

我于2018年在校园招聘会上签约中国航发西安航空发动机有限公司，该公司建于1958年，是中国大型航空发动机制造基地和国家1000家大型企业集团之一。由于一些个人原因，我在参加招聘会之前就决定回西安发展，因此在招聘会开始前就通过师兄对该单位进行了一定的了解。招聘会开始后，我随时关注招聘会的动态，主动联系该单位人事部门对该单位招聘情况进行相关咨询，并提前准备，在该单位来我校招聘时主动应聘。

我在招聘会开始时便通过查询招聘会相关信息，了解各个单位招聘行程，相关的招聘岗位和招聘要求，筛选自己感兴趣的单位，并积极参加招聘会，在招聘会还未开始前通过师兄对现在签约的单位进行了一定的了解。但是该单位来我校举办招聘会较晚，随着招聘会的进行，我在前期招聘会中也未能找到自己中意的单位，因此一直很着急，在2018年9月底经过查询招聘会信息，未发现有自己十分中意的单位，因此随便签约了一家西安较为普通的单位，便匆忙赶回西安，奔走于西安当地各高校校园招聘会，其间也参加了许多单位的面试，但一直未能在找到一家中意的西安单位，收到的offer也多为外地单位。这时的我十分迷茫，开始质疑自己打算回家乡西安发展的想法是否正确，经过思考我还是决定留在西安，后来我便直接拿着简历去自己感兴趣的单位进行简历投递，其间便去了现在所签约的单位，得到该单位让我先网申的回复及相关招聘行程后我便按照要求进行网申，并在该单位来我们学校前赶回学校准备材料，在该单位来我校招聘时第一时间前往与之签约。



在这里我提前预祝各位师弟师妹们在未来求职过程中能取得较好的结果，并给即将面对找工作的各位师弟师妹提出以下建议。

（1）对自己的职业和工作地点等有一定的规划

在找工作前首先要明确自己想去什么样的单位，并对自己的职业有初步的规划。大家都知道我国好单位有很多，不管是国企、私企，还是事业单位，各有其优缺点，我们需要对各种单位进行一定的了解，并综合分析自己的性格等各类因素，对自己的未来职业进行一定的规划。此外，我们还需要对未来的工作地点有一定的规划，在找工作前多与家人进行沟通，分析自己更倾向于回家乡还是去大城市发展；大城市拥有更好的发展平台，具有更大的挑战性，能拿到较好的薪资待遇，如果对工作地点没有太多要求的话，我建议大家可以选择前往大城市工作，在大城市工作能更好地锻炼自己。

（2）招聘会开始前进行充足的准备

在招聘会开始一定要提前准备好简历，简历要精简，招聘人员在阅读一份简历时所花的时间不会超过30秒钟，甚至是一览而过，尤其是类似校园招聘这种简历堆成山的情况下，别指望招聘人员能在几秒钟内从你的简历当中找出请你的理由。因此简历一定要能突出自身特点。

此外，个人简历一定要突出自身与职位的匹配程度，简历作为自己的敲门砖，是企业认识自己的重要工具，在很大程度上决定了自己是否有可能被录用。因此，要向企业展示自己与其招聘职位的匹配程度，在准备简历的时候要着重表达自己符合职位的优势，向招聘人员传达出——我是最适合这个公司与这个职位的。要想做到这一点则需要时刻关注招聘信息，对招聘单位及招聘岗位进行了解，在这方面切忌偷懒，重复采用一份简历进行投递。尤其面对自己中意的单位中意的岗位一定要进行充分的准备。

在简历中个人工作经验及相关科研经历是核心，招聘人员查看简历时，最感兴趣的是个人的工作经验。因此简历中要尽量详细描述你的工作内容和职责。作为研究生一定要突出自己的工作经历和科研经历，以及取得的科研成果，这些实际的工作经验和工作成效往往最能突出你个人在工作上所具备的能力。

网投简历时一定要符合相关简历要求，要是有简历模板，需要严格按照模板进行填写，并注意简历的完整性，完整的简历是人事经理较为关注的，完整的简历有助于你被人事经理检索到。此外，在网投简历时较忌讳向一家单位同时申请多个职位，通常向一家单位同时申请多个职位的求职者不在少数，但其实这并不能表明你的能力超人。相反，用人单位会认为你非常盲目，没有自己的目标，缺乏主见。因此，向一家单位同时申请多个职位的做法不可取。

(3)在面试过程中要充分展示自己的长处并且不要轻易言败

任何人都有自己的长处和短处，在面试过程中关键是要扬长避短，将自己的优点尽可能地展示给面试官，面试过程中不要太过紧张，好单位往往会经历多轮面试，其中一面往往采用无领导小组讨论的方式进行，该种面试往往能体现一个人的能力与表达，具有一定的难度，因此在招聘前可以多进行这类招聘模拟，从而能更好地适应这种模式，在面试过程中尽可能将自己的长处恰如其分地展现出来，唯有这样才能赢得面试官的青睐。此外，在求职过程中，被用人单位拒绝是很正常的。可以说，除非你是“度身定制”的专才，否则招聘单位对你一见钟情的概率是小之又小的。关键是在求职过程中要树立信心，不放弃任何一次可能成功的机会，要有一种不达目的誓不罢休的精神，一定要多参加招聘会，面对自己有意向的单位一定要多留意其招聘行程，提前做好准备，并多参加大型招聘会。正所谓“精诚所至、金石为开”。任何用人单位都欢迎那种做事锲而不舍、百折不挠的人才。

(4)在面对签约时也要有一定的抉择

大家参加的招聘会多了，一般也会收到多份 offer，在面对签约时要有一定的抉择，需要清楚自己到底更看重哪个单位，更看中哪一方面，比如薪资、地点或是职业前景等。工作单位并不一定能完全符合自己的预期，我们需要对自己进行合适的定位，当面对好的企业，该签约的时候就不能犹豫，我们可以将自己最为看重的一些条件进行综合排序，从而选择自己相对较为满意的单位。但是，当签约单位远远低于自己预期时，则需要慎重考虑，考虑出现这种情况是由于自己未能正确认识自己，还是自己在招聘过程中未能表现出自己的优势，未能得到好单位青睐等原因。如果是未能对自己进行合适的定位，则需要进一步对自己进行定位，选择合适的单位进行签约；如果是自己表现不好未能取得好单位的青睐，则需要从简历到面试进行全面改正提高，以争取好的单位好的职位。

**编者评语**

王强用严谨的语句将自己的求职经历和经验进行描述和记录，有条有理，总的来说就是在找工作之前先要明确目标，随后通过大量投简历、面试，积累经验，总结技巧，然后通过掌握的各种技巧有针对性地重点投，最后根据自身实际需求综合考虑，签约一个最适合自己的工作。不以规矩，无以成方圆，正是这种认真的精神让作者在找工作时更加高效、准确，找到了自己心仪的工作。

# 求职小妙招

**个人简介**

钟鼎之，女，2017级材料科学与工程专业硕士研究生；签约单位：一汽大众汽车有限公司（简称一汽大众）成都分公司；地点：四川省成都市。

各位即将投入求职中的同学们大家好，我是2017级硕士研究生钟鼎之，签约单位为一汽大众成都分公司。2019年8月中旬回到学校后我开始了秋招之旅。现将我在秋招中的经历及一些心得体会分享给大家，希望在将来各位求职期间能够有所帮助。

1. 简历

首先是简历模板部分，选择简洁不花哨的模板，以能够让HR一眼从模板中找到学历、工作经历等重要内容为佳。照片方面可以选择在照相馆拍摄一套证件照使用。其次，建议对外企心有所好的同学准备一份英文简历，切记英文简历上的内容要与中文简历的部分一一对应，在投递不同公司修改中文简历的同时也需要将英文简历的部分一同做好修改。

在写简历之前，可以依照时间对自己参与过的项目和实习进行梳理，有需要可以对照"宝洁八大问"进行。梳理后的经历就不再是一排简单的参与过XX项目，而是展示个人实力的亮点部分，在后续的简历制作及面试时，个人经历部分会有所帮助。

2. 招聘信息

大家比较熟悉的"金九银十"如今说来并不准确，许多公司在8月左右就会有提前批次的招聘计划，该时间段主要是针对研发技术型岗位进行的招聘，对专业方面比较有信心的同学在这个时候已经可以开始行动了。招聘期开始后，老师会在工作群里发布每周的宣讲会信息。在秋招及春招开始时公司都会在官方公众号上或是校园招聘公众号上发布岗位信息及招聘流程，可以关注。秋招开始后在学校启航一楼定期会有双选会，可以根据需要前往。同时部分公司会在工大举行宣讲会，可以定期关注工大的就业网站。没有在哈尔滨设置面试点的公司可以在网上投递简历后等待视频或电话面试。

3. 选择企业

对于企业的选择，我本人仅在地域方面有所考虑，因此碰到有兴趣的企业均会投递简历。但可能有的同学会有倾向性地选择某一类的企业，例如外企或国企等。我的个人建议是多试试多投递，即使不能进入最终面试环节，在一开始也能够积累一些经验。当然如果遇到心仪的公司和其他公司面试时间安排得比较近，可能就需要有针对性地准备其中一家公司的面试了。

4. 语言

部分企业由于其背景原因，对英语以外的第二外语有所要求，因此在语言方面有所特长也对该类企业感兴趣的同学可以考虑。也因其背景原因，公司的企业文化可能会有比较明显的差别，希望大家对此有所准备。

5. 流程

网上申请→网上测评→笔试→面试→签约说明→签约。

以一汽大众为例,我在网申结束以后收到了短信通知。第一天是笔试,主要是一些行测类的题目,线下笔试。笔试的题目比较多,从结果来看,笔试的时候一定要将题目答完,正确率不能保证也没关系。当天晚上收到了第二天的面试通知,第一轮面试以无领导小组讨论的形式展开。

(1)面试前的准备。在这里推荐应届生论坛,里面按照不同行业对各种企业进行了划分,从企业概况、笔试题目、面试题目及签约情况各个方面都有同学在论坛里进行分享,提前在论坛里了解一些公司的倾向及可能会出现的面试问题还是很有帮助的。

(2)无领导小组讨论。第一次参加无领导小组讨论的心情还是比较紧张的,当时是10人一组,题目大概是针对交通拥堵的情况对不同种类的车辆限制进行排序。在大约30分钟的时间内针对资料每人阐述自己的观点,随后进行讨论并最终整组人员共同得到一个统一的结果。整个讨论的过程中两位HR都不会进行提示,只会在30分钟结束时提醒,因此讨论中的时间需要小组成员自行把握。讨论结束后HR会对有的同学的表现进行提问,例如A为什么发言较少,或者B认为自己在讨论中做出了怎样的贡献等。结束后过一天会收到最终面试的通知。



(3)通常情况下的无领导小组讨论会有一个组织者负责打破尴尬,引导大家的讨论,并总结最后结论向HR汇报等;计时者把控时间节点,避免最后讨论超时不能在规定时间得出结论。可以看到在这里组织者是展现自己最多的,给人印象最深刻的一员;而计时员的工作也是必不可少的。经过本人几次的经历和同学的分享,我认为在这一环节积极发言,针对资料,发表有理有据的看法,最后能够统一结论,大多数情况下就可以了。求职的各位同学性格各不相同,积极外向的在这一环节比较得心应手,平时不善言辞的可能就会担忧自己的表现了,但不需要过于紧张,一定要让自己投入讨论中,可以在一开始争取一下计时员的位置,没成也没关系,个人观点阐述时一定要有条理,尽量多发言就好了。在讨论中如果碰到了观点不一致的情况,也不需要慌张或者和对方争吵,针对有分歧的部分进行进一步的解释就好。当然在无领导小组讨论这一环节,不同的公司面试不同的岗位,需要的人性格都不尽相同,因此有可能在A公司面试时失败了但B公司正好需要你,不用过于担心。

(4)终面。最终面是3对1的面试,由一面的两位HR和部门经理进行面试,首先是中文的自我介绍,然后问你对公司的看法,未来几年的规划等。之后是英文的问话,比较家常一点的问题,之后就结束了。如果有第二外语相关的学习经历也可以在面试中表现出来。终面通常会问求职者有没有问题想要问HR的,去之前可以提前想一下,对于有签约说明会的公司就不用在这一步询问薪资待遇了。过了一段时间以后就会收到签约通知。针对一汽大众的面试部分大概就是以上内容。

(5)在等待结果的途中又陆陆续续参加了一些面试,在投递技术类岗位时,需要针对岗位要求和公司产品线进行简历的修改,突出与岗位最为契合的部分。除了行测外有的岗位会设有技术类的笔试,需要提前准备。进入面试环节后也会有技术面试,需要准备好做过的相关项目资料,必要时可以进行展示。

6. 心态问题

在求职期间有的同学会比较焦虑;感觉发挥得非常好,却连第一轮面试都没能通过,或者已经来到了最后一轮面试,和HR也谈好了,却没有收到签约。以上情况在我和身边的朋友们身上都出现过,在当时也确实增添了许多压力。放松心情调整心态,大家都能够想到,但真正施行起来还是有一定的难度的,建议大家在还能回想起来的时候复盘自己当天的表现,然后就像以往的每一次考试一样,结束了就放下,积极准备下一次的面试,总会有适合自己的工作在等着你。

到这里为止,结合我在秋招中的经历给大家做了一下总结,主要集中在签约以前的部分,希望能够帮到大家。在我写这篇分享的时候新一年的春招已经开始了,企业招聘的时间越来越早,也希望大家能够早做准备,最终找到心仪的公司,开启人生新的阶段。



**编者评语**

不登高山,不知天之高也;不临深渊,不知地之厚也。对于寻求在大企业就职的求职者,既要勇于尝试也要悉心准备,某些大企业校招的时间会比较早,战线拉得也会比较长,可能跟部分同学专业相关性也不是很强,但多尝试一下,从中吸取经验会对今后找工作有所帮助。钟鼎之详尽讲述了从投递简历到求职心态,可见心态对求职过程的影响,第一份工作甚至直接决定了今后的人生定位,所以这个过程中应当慎之又慎,将一切做到最好,为学生生涯打造一个完美的结局。

# 第 2 章　求学故事篇

求学路上无论是保研还是考研都不是一朝一夕的事情，而是一场需要高度自律的持久战。这一路上，不仅仅考量脑力、体力乃至金钱，还要考量方案的合理性、计划的执行力、积极向上的心态等诸多因素。所谓光辉岁月，并不是指后来闪耀的日子，而是无人问津时你对梦想的执着。

本章共收录了 30 篇本科生保研、考研，硕士申博的故事。其中，保研故事又分为大学学习经验、保研方法技巧、个性化保研三个层面。考研故事篇又从初试准备、复试准备、院校选择和心路历程四个方面进行诠释。他山之石，可以攻玉；他人之事，我事之师，希望同学们能够从师兄师姐们的求学故事中找到你曾经为之纠结、困惑、焦虑问题的答案。

## 2.1　保研故事篇

### 2.1.1　大学学习经验篇

#### "幸运之路"——天时，地利，人和

**个人简介**

尹珍元，女，材料科学与工程专业，2015 级本科生，金属材料方向。获得 2017 年全国热处理创新大赛一等奖、2018 年全国热处理知识大赛一等奖、2017/2018 年度国家奖学金；荣获黑龙江省三好学生荣誉；曾担任院学生会体育部副部长。现保送至北京大学前沿交叉学院直博。

刚入学时我的成绩偏中下游。很多人问我为什么从祖国西南跑到东北来上学，大多数时候我都是回答"我喜欢冷的地方，喜欢雪"，但最根本的原因是哈工程是我最后一个志愿。父母老师对我的期待被我的分数严重打击，当时的我就想走远一些，去一个最陌生的地方重新开始。进入大学以后，看到学校里各种高大上学生组织、社团就忍不住地想象自己加入后能锻炼各方面的能力，一下子就参加了三四个组织。同时因为喜欢运动，加入了两个校队。虽然上课能认真听讲，但课后时间几乎都被学生工作、社团活动和训练占满了，几乎没有复习的时间，只能晚上熬夜。这样就成了一个恶性循环，白天困倦，晚上熬夜。让我彻底清醒的是分配导师这件事情。第一个学期过去了，还好我进入了前三十名，但是我想进入的实验室只要前三名的学生。当时再一次因为成绩而失去蛋糕。祸不单行，以为在校级组织里稳操胜券的副部竞选也泡汤了。

虽然心灰意冷，但自负的我没有怀疑自己的能力。学习方面我的付出最少，得到的收获最大，所以我决定退掉所有的工作，把成绩提上去。没有杂事干扰，觉得学习真的很有趣，有时间去思考为什么，而不是单纯接受是什么。课前十分钟预习，课后准备问题问老师，课下紧接着半小时整理笔记，晚上自习的时候再回顾一遍这一整天的内容。到考试前三天都还能清晰地记得知识的脉络，就不用突击复习。但我想强调的是绝对不要作弊，出来混总是要还的。就拿清华材料学院的保研复试来讲，老师会拿着成绩单问问题，专门问你分高的科目，如果不是完全了解知识体系，吃得很透，那么就是去打酱油，更是给母校抹黑。当时我去面试就很自卑，因为其他都是985院校的学生，但是面试老师的问题张口就能答，还被老师问你的XXX科目老师是谁呀？你是不是去哈工大上过XXX的课呀？当时我就很自信地回答："老师，我是totally made in HEU。"



无事一身轻的我又开始骚动，想体验研究是什么样子的。所以找到金属材料方向的张中武老师表明意向。张老师的思维非常美式，不完全注重成绩，注重学生的逻辑思想和能力，允许大胆尝试。带我的刘乃萌师兄人超级nice（好），整理了一些文献给我，在做实验的时候会先讲解，再示范，等我动手在旁边指导。张老师还提醒我："你是最小的，什么不懂的都可以问，不要害羞。"这样一来我就是十万个为什么，连一个按钮都会问什么功能。师兄不仅会告诉我是什么，还会解释原理，觉得师兄就是百达通。即使是在做重复的实验，每次都会因为思考而学到新东西，越来越有趣。在金相比赛校级预选时，我很担心自己的操作不熟练会造成失误。在跟师兄说了这个事之后，师兄特意帮我找了不同的材料来练习。一直磨到晚上没去吃饭，师兄还帮我定好了外卖。拿着磨好的镜面，好心情溢于言表。

要做成一件事情，必须要满足三个条件：天时，地利，人和。人和是最难控制的，但我运气很好，进入大学一直有贵人相助。首先就是我朝夕相处的同学们啦。在夏令营遇到的同学都会感叹我为什么会有一群那么nice的同学：课下我们会一起讨论问题，考试前会相互答疑，保研准备能交流信息，在遇到困难时候会相互鼓励。就以我室友举例吧，在我保研遇到困难时，一直鼓励我，我们一起早睡早起、一起自习，跟着这样一群上进的人，想不进步都难。

生活中总有些不如意，我的乐观和进取都是来源于所喜爱的运动。在田径队刚组建的时候，虽然只有我一个人瞎指挥，但是队员们都特别有能力。我们在训练时候都是以快乐为目标，怎样让自己快乐？那当然是追求更高、更快、更强，在游戏中成长。在橄榄球队，刘导从来不会批评任何人，而是循循善诱。每次都会问："今天学到了什么？你觉得自己今天什么地方表现得好？什么地方需要改进？"这样的教学模式能让我们自己在发现问题的同时有信心去改进，不断地总结和提高。我把这种模式带到田径队，也带到自己的学习生活中。在做事之前设立目标，这个目标是自己的兴趣，所以会有动力。在做的过程中不断对自己说我可以，同时要鼓励他人，真心地关心自己的伙伴们，共同前行。在做完每一件事都问自己几个问题：通过这件事学到了什么？我什么地方做得好？我可以怎么改进能做得更好？这样的总结能让自己更加了解自己。

保研其实是一个顺理成章的过程。因为尝试过一些实验，学习了一些知识，所以想继续这个方向。但是要选择怎样的学校和老师就需要一些思考和技巧。首先就是要明确自己要不要做科研。如果不是很坚定，那么就不要选择直博。知乎、科学网上有很多经验帖。如果已经有自己喜欢的方向，那么就可以联系相关老师，越早越好，尽量争取到去他实验室做实验的机会。

如果坚定要做科研，这里介绍一个选择高校老师的建议：

第一，导师的研究课题需要相对前沿。怎样判断一个老师研究的课题是否属于该领域前沿，一个简单的方法，去国家自然科学基金网站或者相关网站查询他负责的基金项目和国家级纵横课题。获得国家基金等资助，项目评审过程中的一个重要内容就是研究内容具有较大的创新性和重要性，是否为领域前沿科学问题。如果他的研究方向不是前沿方向，他的研究课题就不可能获得国家基金资助。因此，如果一位老师过去3年内作为负责人承担了国家自然科学基金面上项目、重点项目、国家重点研发项目等，他的研究方向就应该是相对前沿的方向。

第二，导师有时间和研究生进行学术交流。研究生刚刚进入学校，应该说对科研而言绝大部分人都是不懂的，因而，在研究生初级阶段，需要导师能够直接给予适当的指导。如果是真想学一些科学知识，打下扎实的研究基础，在选择导师的时候，应该优先选择“精力充沛”的老师，特别是选择那些进取心很强的老师。当你遇到问题的时候，随时都能够找他们进行交流。跟着他们发展，可以保证真正学到东西。

第三，导师有足够的经费供科学研究。现在进行科学研究，用钱的地方太多了，原材料购买、实验设备购买与维护、耗材购买、性能检测、微观结构分析。遇到一个肯花钱培养你的导师应该是要庆幸的，这一点等你们真正读研就知道了。

第四，导师课题组是否有持续的学术成果。本科生进入研究生阶段，最主要的工作就是做出“创新性”成果。体现创新性成果的主要方式包括高水平（不是高影响因子）学术论文、专利、专著、软件著作权等。如果一个老师自己没有太多的学术成果，研究生进入他课题组做出特别多的学术成果的概率就没有办法把握了。

第五，学校+导师的性价比对照。现在很多研究生在选择高校的时候，都会优先选择一些“名”校。然而，研究生不知道的是，“名”校里面也不是每一个老师都有“名”。选择去“名校”，很有可能会选择到一般水平的导师。本科生看大学，研究生看导师。因而，建议大家在联系导师的时候，优先考察导师的学术水平。

关于材料准备，其实就是如何展现你的硬实力。不需要什么奖都拿出来，每个方面拿出一个国家级或省级的奖项就已经能够说明问题。在面试的时候，最好做到展示你自己最强的方面，材料上的东西一定要滚瓜烂熟。老师问的问题最好能举一反三。当时在清华面试一个老师问钢中残余奥氏体的危害，但要考虑到一定量的残余奥氏体是可以提高高强钢的韧性的，我便补充了这一条。面试不仅仅是考察知识，更是考察你已经形成的逻辑思维。

写在最后，夏令营其实是一个免费开阔视野的机会，多和老师同学交流。即使保上研，也不要松懈。因为老师看的是你的斜率，你发展的潜力，而不是你的值。

**编者点评**

参加组织是学习的好地方，它从许多方面改变你，同时你也可用于学习之中，在这过程中，遇到的人和事都会有帮助，每一步都是脚踏实地，每一次都是认真进取。乐观的心态则是此中必不可少的元素，对挫折一笑而过的人能笑到最后，乐观的心态可以调节现实与理想的差距，也可以帮助你坚持到最后。明确你自己的目标，保证你在正确的方向上拼搏，劲往一处使，权衡好主次关系，懂得什么是你认为最重要的事。失败时不气馁，成功时不骄傲，仍能保持一颗平常心，不积跬步无以至千里，坚持下去便是成功。

# 从北到南——梦幻之路

## 个人简介

申少洋，男，材料科学与工程专业2015级本科生，金属材料与表面工程方向。本科期间获得全国数学建模比赛省级一等奖及美国数学建模竞赛二等奖、中国大学生材料热处理知识与创新大赛一等奖、全国“TRIZ”杯大学生创新方法大赛三等奖、第二十二届及第二十三届“五四杯”大学生学术科技创新作品竞赛三等奖等。曾担任本科生材料专业第一党支部书记、班级组宣委。现已保送至华南理工大学材料科学与工程学院学术型研究生，主攻储氢合金制备。



很珍惜学院给我这个机会让我把一些保研路上的成功与失败分享给学弟学妹们，也借此机会回忆自己大学四年的一些记忆。先说说我来哈工程上学的背景：当年从河北千军万马的考生中突围（依稀记得是11 000名左右），对于我这种高一高二玩游戏看小说爱唠嗑，高三突击一年认真学习的人，613分的高考成绩已经很不错了。所以，骨子里的我其实不是一个很刻苦的人（此处应该偷笑）。

接下来就说说这四年我是如何度过的吧。我简单地将大学四年定义为四个阶段：（1）初见；（2）误解；（3）后知后觉；（4）关于离开。大学里的每一年分别对应一个心境，心里情感的变化最终会体现在现实行为上来，这就是我的大学。

（1）大一——初见

初入校园，第一印象便是这校园里面装的都是琳琅满目的知识，当然也会一时间花了眼。初入大学的新鲜感维持了相当长的一段时间，这期间我听了许多讲座，也见识了很多有趣的东西。但很快，我便发现了一个问题，尽管我喜欢接触新的事物，但我并没有一件特别喜欢的东西。换句话说，我对所有东西都不排斥，但也说不上喜欢。这个时候，我看着别的同学热火朝天地参加社团，同很多优秀的学长学姐打交道，内心其实多少是有些艳羡的。但个人性格使然，我找不到目标。没办法，我对自己说，没什么喜欢的东西，那作为学生，总得让学习成绩说得过去吧。于是，在大一的一年里，我多半是沉浸在数学等公共基础课里的。总的来说，大一的我，找不到目标，那就选择去做一件最保底最应该做的事情，这样，我至少可以确保自己一年的时光没有荒废。

（2）大二——误解

先说一下为什么我把我的大二一年生活定义为误解：大一结束的时候，我当时了解了学校及学院的相关保研政策，最主要的是学优保研和个性化保研。因为觉得个性化保研比较简单，所以从大二开始，我逐渐着手参加各项科创比赛，当然也取得了一些比较不错的成绩。我在大二上学期便获得了全国数学建模比赛省级一等奖及在大二下学期获得了美国数学建模竞赛二等奖。在当时，从我知晓的学院保研政策及15级学生的科创获奖情况来看，只要我大三保持稳定的获奖次数，我是肯定可以获得个性化保研资格的。事实上也是这样的，据我所知，我是整个材化学院15级学生里面获省三以上奖项最多的（其实我是学优型保研，至于后来为什么选择学优型保研，我们后面再说）。在这样一个背景下，我忽略了自己的成绩，导致大二的成绩比较差,这也是我大学最痛心的一件事情。除此之外,有很多学弟学妹问过我怎么参加科创比赛、怎么得奖之类的问题,我觉得这里面有很多因素,但最最重要的一点就是你自身必须足够优秀。说到这里有人会说,没人教我怎么去参加这些比赛,想学都无从下手。那我觉得在我们的校园里,我们可以接触到很多学习的机会,有老师,有图书馆海量的书籍,有强大的互联网,缺乏资源不是理由。有的人说,真正的高手从来都是无师自通。所以,在迈入大学后,我便是这样要求自己的,本专业的问题,会的我争取学精,不会的我会自己去学。

(3)大三——后知后觉

讲到这里,细心的人会发现,我并没有说到自己是什么时候确定目标要保研的。事实上,直到大二结束,我都没有仔细想过我到底要不要读研。之所以在大一努力学习,大二参加科创比赛,那不过是为了保持对自己的一贯要求。我很赞同一句话"优秀是一种习惯",所以我在大一大二期间的努力,并不是为了保研,只是单纯地让自己不被落下。在大三伊始,我有幸聆听过一个对我大学生活影响巨大的人的一次谈话,那次谈话让我明白本科生、硕士甚至博士之间的巨大差距,可以说是醍醐灌顶。同一时间,我也意识到大学不仅仅是一张文凭,最重要的是我们在大学学习到了什么,毕业之时我们能够从学校带走什么。那时,我有几个不眠的夜晚是在仔细思考这几个问题的。这就很好地解释了我为什么最后选择了学优型保研,因为我觉得我的性格更适合去搞学术研究,而进行学术研究必须要有扎实的专业功底。所以在大三的一年里,我在参加科创比赛的同时,也在努力提高自己的专业课成绩。想想自己大三的一年里,有时候为了参加比赛好几个晚上不睡觉,也会为了专业课考试苦扎图书馆,在那段奋斗的日子里,现在想想还是很充实的。所幸,在大三结束的时候,我在金属方向的学习成绩还不错,没什么意外的话是可以获得保研资格的。



(4)大四——关于离开

直到现在,还会有人问我为什么选择去华南理工读研。那我在这里就详细地说一下:首先,从个人发展上来看,除去国内那几所顶尖高校(因为我去不了),华南理工大学的材料学科是相当不错的(还是个 985),这点可以从每年的材料学科评估得到证实;其次,从个人情感上来看,在一个地方待久了,总会有莫名的过分熟悉感,这也就是离开的理由。作为一个河北人,对于南方大学的校园生活是十分憧憬的。这就是我为什么选择华南理工的两点原因。

既然选择了华南理工,也获得了保研资格,那至少应该做一些准备应对面试吧。跟大家说一下我的情况,华南理工大学作为一个 985 高校,是没有夏令营的。没错就是这样,我的面试是在保研预推免的时候进行的(什么是预推免可自行百度)。我可以跟大家说一句实话,我在华南理工大学面试之前,没有经过任何复习(这点我可以保证),面试过程中专业课面试、专业英语、英语口语,我会回答还可以,专业英语回答的时候有几个单词说不上来,大概面试情况就是这样。所以,关于面试,我也没啥经验可以说,只能告诉学弟学妹,如果你专业课学得不好,面试之前一定要好好看一下,如果你学得可以,这一点请直接略过。面试怎么准备,自己的水平心里一定要有杆秤,当然我不是夸自己,就是觉得做什么事一定要心里有数。

华南理工大学面试录取后必须要在一天之内找到学院的老师做自己的研究生导师,否则面试录取是无效的。这一点在你来面试之前就要提前联系老师,否则许多好的老师手里面都没有名额了。找老师的过程中,我觉得首先都得了解老师是做什么方向的,你喜欢做什么方向的研究,老师的品格也很重要,诸如此类的事情请见新浪。于我而言,大学选择材料专业是因为喜欢的女生选择了这个专业，我也就跟着选了（现在想想当年真是浪啊），但是在本科学习过程中这个专业还是很有兴趣的，所以研究生也继续选择金属材料方向。每个人的情况不尽相同，希望大家能够谨慎吸取经验。

最后，我想说的是，大学期间不是所有都可以尽如人意。我们作为一个学生，最需要做的就是尽人事，那接下来的一切大多数是可以水到渠成的。谢谢！

**编者评语**

正如易卜生所说，社会犹如一条船，每个人都要有掌舵的准备，大学的生活也是一样的，无论高中生活如何，在踏入大学的一刻，是成人的开始，需要自己面临选择、做出决定。考研只是其中的一个选择，但坚定了想法之后必须要咬定青山不放松，持续不断地向自己的目标努力。在学习、科研方面要借鉴、学习、思考、创新，锻炼个人的意志品质，增长人生阅历。无论是在本科、硕士的学习过程中，还是在未来攻读博士或者就业过程中，应该给自己一个准确的自我定位。坚定目标，才能在属于自己、适合自己的人生的道路上越走越远。



## 坚定目标 勇往直前

**个人简介**

杨凯悦，男，化学工程与工艺专业，2015 级本科生。本科期间获得校一等奖学金三次、二等奖学金三次、三等奖学金一次；国家励志奖学金两次；大学生化工设计竞赛东三省二等奖；五四杯创新型校级特等奖；启航杯一等奖等。曾担任班级科创委员。现保送至哈尔滨工程大学材料科学现化学工程学院读研。

第一次了解哈尔滨工程大学这所学校还是在高三的课间，当时学校刚刚发了一本关于高考志愿填报方面辅导的书，我随意翻看一页，瞥见的第一个名字就是哈尔滨工程大学，有那么一瞬间以为是哈工大，那时的我是绝对没有想到以后会来到这所学校的。当高考志愿真正填报时，自己面前的有华北电力大学及分数相近的哈尔滨工程大学，当时的我就是想出去转转看看，不想一辈子待在市里，还是试着报了这所学校——哈尔滨工程大学，没想到，这一转就是四年。

大一的我，跟很多同学一样，有着诸多的不适应，没住过寝室不适应多人混住，不适应零下二十多度的寒冬，不适应每日米饭多肉少菜的食堂，不适应不同地方同学的生活习惯及三观方面的差异等，最重要的是没有适应大学课堂的讲课方式。它与高中课堂一点也不一样，高中老师基本就是喂知识点，老师会把所有东西替你嚼碎了，一点点地传给你，大学不一样，老师讲的东西有限，大部分是靠自己理解的，我在课上还经常跟不上老师思路，大一上学期我的成绩并不好，排名中游。这一度打击了我的自信，开始怀疑自己的能力，甚至一度自暴自弃，迷恋游戏不求上进，感觉自己当时像是被什么东西麻痹了，我的大一一年都很“灰暗”，平均分只有七十六点七分。对院系安排的活动及晚自习相当的排斥，非常抗拒而且还发牢骚。大一不好的成绩直接影响了两年之后的保研成绩，现在回忆起来仍旧很后悔，目标不明确，行动不坚定，心智也不成熟，这些都是我大一如此荒废的根源，所以我也想告诉学弟学妹们，大一成绩很重要！大一成绩很重要！大一成绩很重要！重要的事情说三遍。

大一的暑假，我想了很多，也反思了很多，意识到了自己不能这样继续下去，感觉对不起父母对我的期望，也对不起高中时努力的自己，至少大二不能这么“混”。大二开学，我就强迫自己往前坐，强迫自己上课不能看手机。我发现，只要你全身心跟着老师的节奏走，不开小差，不被手机打扰，大学课程并没有之前感觉的那么难，上课老师讲的一句话要比你课下看一个小时书还要有效，课上的时间太宝贵了，有些同学上课不听课，下课喜欢一个人看书琢磨，效果并不好。实际上学习既是一个良性循环，也是一个恶性循环。你认真听课，会感受到听课学习的乐趣，这会让你更喜欢听下去；你不好好上课，老师讲啥啥不会，这就更不想听。所以一门课，开始的前两周特别特别重要，个人感觉直接决定了你这门课的最终成绩。大二的转变，也使我当时的成绩有所前进，也开始获得一等奖学金。同时，在大二这一年，我也开始进入实验室，认识了很多志同道合的人，见识到了什么是科研及怎么搞科研。当时也接触了一些比赛，拿了学校五四杯特等奖，参加了大学生化工设计竞赛，见识到了很多优秀的同学，通过与他们的交谈也使自己收获良多。我觉得作为一名本科生，尤其是我们这个专业的本科生，如果有着想读研的打算，提前进入实验室是很有必要的。一方面是能力的提升，对于课本知识更好的理解；另一方面也是让自己尽早认识到自己是否真的适合这个专业，为以后尽早做打算。

大三上学期的时候，差不多每个人对是读研还是找工作基本心里都有了打算，当时觉得自己保研是没有希望的，但是我并没有放松学习，大一的痛苦经历让我知道了学习成绩到底有多重要，学习比之前更加上心起来，成绩出来自己的专业排名第七，也算是努力有了回报。大三下学期一开始，我实际上就开始了准备考研的过程，最开始是去11号楼学习的，基本就是一没课就去11号楼看书学习高数、英语等科目，后来天气渐渐地炎热起来，考虑到图书馆有空调，我就将阵地转移到了图书馆，为了不耽误学习进度，暑假并没有回家。当然，考研的同时我也没有放松本科生课程的学习，大三下专业排名第六，也算是前进了一名。整个暑假基本就是早七晚十的生活，当时感觉自己的复习进度属于偏快的。当9月份的时候，因为是小跨专业，感觉要考的专业课量特别大，要背的东西特别多，同时也感受到了自己的记忆力比高中的自己有了明显下降，就比如背英语作文，背一篇长的大约三天，第四天打算从头捋一遍又忘得干干净净，加上政治的知识，感觉考研真的特别难。恰好当时学院有了服务国家发展战略，第一次因为自己的犹豫，没有及时地提交资料，万幸有了第二次机会，当时就想试试看，成了就在本校读研，不成就继续考研，向学院递交了自己的资料，幸运的是成绩还不错，通过了审核，成了我校准研究生的一员。我觉得学弟学妹们如果打算保研，一定要尽早做准备，对于我校的保研规定一定要研究透彻，这样才能对得起自己的大学期间的努力。

从2018年10月份，我便已经进入实验室开始了自己的毕业设计，算是比平常的研究生多学了半年多，特别感谢我的导师还有我的班主任能接受我进入实验室开始研究生生活，也特别感谢学院和学校给我这个机会。如果让我对自己的大学打一个分数的话，我对自己打个及格吧，虽然大学前期有过迷路的经历，但好在及时止住，认识到了自己的错误并改正，算是一份及格的答卷吧。

祝自己未来的硕士生活好运，也祝学弟学妹好运，最终能给自己的大学生活交上一份令自己满意的答卷！

**编者评语**

远离家乡来到哈尔滨是一种缘分，面对未知，陌生的环境，心态转换是一种挑战，来自生活状态的调整成为学习的后盾力量，灰暗、迷茫的生活会阻挡我们前进的脚步，但那又如何！风雨过后会出现彩虹，生活不总是一帆风顺的，重要的是你是选择战胜他，还是逃避，知己知彼、百战不殆，生活也是这样，所有的机遇、机会不是从天而降，而是靠你自己。每个人的人生或许都认真过、努力过，但是难能可贵的是坚持下去，并且使之永恒。



## 注重选择 合理规划——成功之路不是只有一条

**个人简介**

闵译萱，男，材料科学与工程专业，2015 级本科生，高分子与复合材料方向。获得 2018 年中国大学生热处理知识与技能大赛二等奖。本科期间担任 20151054 班班长、学院团委创新创业项务部部长、学院团委项务部部员、学院团委项务部副部。曾获校优秀共青团员、校优秀共青团干部、校优秀学生干部等。现保送至哈尔滨工程大学读研。

从我 2015 年 8 月末入学以来，三年半的大学时光转瞬即逝，我已经站在了冲向毕业的跑道上。回顾过去，大学这几年走过的路，不论是酸甜苦辣，每一点每一滴都值得品味与怀念。因为正是这些经历，塑造了现在的我，我也才得以获得国家战略发展人才推免资格，留在本校继续攻读研究生。接下来，我将就我自己走过的路，以最易懂的方式，把我自己的保研经验分享给各位有意向保研或是还在纠结是否要保研的学弟学妹们。

1. 什么是保研？保研有哪些好处？

通常来说，从本科生进入研究生需要经历两个阶段。阻挡你就读研究生的第一关——初试（全国统考，四门科目），当你通过了全国统考后，你将面临报考学校的第二关卡——复试。而获得保研资格就是获得免初试的资格，直接保送至第二关进行面试。保研的好处不仅仅是在于免初试，还在于你可以提前联系你的导师，早于其他人选择你喜欢的方向和导师。保研名额确定的时间在每年的 10 月份左右，复试也大概在 10 月末结束。这也就意味着，你将拥有大量的时间去做你喜欢的事情，你可以提前联系课题组的师兄师姐，学习实验室相关知识，从而为你的研究生生活做好准备。

2. 保研的形式及为之做的准备

我校保研分为学优保研、个性化保研及国家战略发展人才推免。学优保研及国家战略发展注重考察你的学习成绩，纯学习成绩 + 综合表现加分 = 综合成绩，最终通过综合成绩评定保研资格。个性化注重考察创新创业比赛成绩，大家可以参考个性化保研学长学姐的经验，我将不多做赘述。相关的推免政策及具体的分数计算细则大家可以在学院网站上找到。熟悉保研政策是你应该迈出的第一步，是你的根基。只有打好了根基，你才能知道自己需要什么、应该做什么，才能有条不紊地在这条路上走下去。

步入大四，就是吹响保研号角的一刻。大概在每年的9月中旬，学院会公布推免生报名的通知，并且在9月末进行资格审查，10月份公布名单。当然这也只是个大致时间，仅供参考，不过你一定要在这之前为自己保研做好充分准备，准备好你的心态、准备好你的申报材料。

3. 我的个人经历

关于我的个人经历，我将从学生工作经历、学习成绩、参加科创经历、获奖情况四个方面来具体介绍。



至今为止，我担任过20151054班班长，大一至大三分别担任创新创业项务部部员、副部及部长，大三时兼任学院特色社团化工设计俱乐部部长。可能很多人认为做学生干部很浪费时间，这么说有失偏颇。但是，如何把你的工作时间和你的课业学习安排好才能真正展现一个人的能力。这是一个适者生存的时代，只有真正的强者才能最终达成自己的目标。做学生工作就是一个不断成长的过程。大家在大学四年里见过各种各样的学生，有整天宅在寝室的，有热爱学习泡图书馆的，有参加各种活动来丰富生活的。那么，最终这些同学的差别，就是大学这四年里收获了多少。整天学习的同学收获了大量的知识，参加活动的同学学会了规划自己的人生，丰富了自己的生活。当然，做学生工作也是丰富生活、规划人生的一种途径。当你遇到问题时，你要如何去解决，你要如何去思考；当你与人交际时，你要如何待人，如何维持好与他人之间的关系；当你遇到时间冲突时，你要如何规划并利用你紧张的时间。这些都是你能够进行自我提升的部分。除此之外，学生工作还可以为你每学期的成绩和保研的时候提供一些很关键的加分。按照加分细则计算，学生干部加分最多可加1.1分（加分上限为3分），占了很大一部分比例。

我的成绩不是很高，一直属于学年中上的位置，我大一的平均成绩大概在85左右，在大二的时候成绩有所下滑，但是大三的时候重新稳定了回来。成绩对于保研的同学来说是非常重要的，因为成绩才是主要考核的点。如何提高自己的成绩？有几点需要特别注意一下：第一，不要偏科，尽量不要有些科目分数特别高，有些分数特别低，这样加权平均分算下来不会很高；第二，学分高的科目尽量要拿高分，在大学四年里微积分、大学物理、毛泽东思想概论等一些科目的学分高达6学分，是重点需要注意的课程；第三，结课考试的复习一定要及时，给自己打好提前量，材料化工的专业课大部分都是些偏向于记忆性的内容，所以一定要合理分配好各科的复习时间。

我从初高中就对科创比较感兴趣，所以大一入学时就和同学一起联系了老师，进入实验室做实验并参加了五四杯，获得了校五四杯二等奖。学校每年的创新创业训练项目我都申报参加。关于校外科创的比赛，我参加过2018年全国大学生热处理知识技能大赛并且获得了国家二等奖，这个奖项在我的加分里起到了至关重要的作用。提前进入实验室是一件很棒的事，你可以多跟老师和师兄师姐交流学习，亲自体验到一个项目的流程。如果你能够在本科期间发表一篇SCI，对你以后会有很大的帮助。

最后一点是我的获奖情况。除了比赛所获得的奖项外，我的奖项都是关于学生干部的，校优秀学生干部、优秀共青团员、优秀共青团干部。获得的奖项不多，但是也都很重要。

4. 大一到大三的各位学弟学妹们注意事项

大一新生们刚刚入学半年,有些同学可能还没有思考过是否要保研或者是否要读研。那么现在你要做的事情很简单,通过各位学长学姐的分享,思考自己未来的路该怎么走,为自己订下一个合理的目标,制订好一个可行的方案,然后开始为自己的目标做好准备。

大二的同学大部分应该已经制订好了一个大致的方向,接下来就是要向着自己订下的方向前进。大二这一年是一个坚持的过程。大一刚刚入学的时候,大家还刚刚走出高考,还会留有学习的习惯。然而到大二之后,这些习惯可能逐渐被消磨。所以能否坚持住,能否坚持完成你制定的目标,是成功的关键。你需要去确认自己已经满足哪些条件,自己还没实现哪些目标,找到自己的不足并且加以改正。如果还有不确定自己是否要保研或者害怕自己会失败的同学,也不要放弃学习,如果你要找工作,如果你要出国,优异的成绩也会为你带来好运。

大三的同学即将迎接严峻的考验,因为你们即将面临人生路上的又一个抉择。保研这条路往往也伴随着风险,如果落榜了也就意味着你要准备考研。然而剩下的这段时间并不足以供你充足的复习,所以一定要做好两手准备。

很感谢有这次机会为学弟学妹们分享我的经验。希望这篇文章能帮助大家找到自己的方向,希望大家能够坚持自己的梦想,也希望大家大学四年里都能够有所收获。不要害怕自己所选择的路最终能否成功,不论你最后选择如何,只要是你自己选择的,那都是成功的路。

**编者评语**

学习不是成功的唯一因素,出色的组织能力、人际交往能力也格外重要。社团方面游刃有余的同时,不要放松学习。成绩对保研来说十分重要,不能掉以轻心。对重点课程的把握是取得好成绩的一个维度,所有课程在学习之时根据实际情况合理计划,复习的时间也要随着科目的复习量而斟酌。另外,参加比赛也是个人能力的一个体现,是在保研、复试、面试过程中可以拿出的王牌。对自己认真负责,人生才会完美。

## 千淘万漉虽辛苦,吹尽黄沙始到金

**个人简介**

韩正意,男,材料科学与工程专业,2015 级本科生,高分子与复合材料方向。本科期间获得国家奖学金、国家励志奖学金、第八届全国大学生数学竞赛国家级三等奖、第四届中国大学生材料热处理创新创业大赛、第二十三届“五四杯”校级一等奖、第五届再生资源创意设计大赛二等奖;2017 年度国家大学生创新创业训练计划“优秀”成绩结题,以第一作者发表一篇论文;荣获黑龙江省三好学生、校三好学生、校优秀学生干部、院优秀学生干部标兵、院自强标兵等称号。曾担任院学生会学务部副部长、学风建设副主席等职务。现保送至复旦大学高分子科学系直博生,专业为高分子化学与物理,研究方向为功能高分子和生物大分子。

2015 年 8 月,怀揣着对大学的憧憬与满腔热情,我从山东省泰安市乘坐火车,赶往哈尔滨工程大学报到。在 18 个小时的车程里，我一路上激动得睡不着觉，不停地与前来送我的父亲交谈，时不时望向窗外，欣赏沿途风光。尽管先前在网上已经看了无数次关于学校的文章、照片，但我还是对自己身临其境时的美妙历程无比期待，我的大学生活也由此拉开帷幕。

1. 大一：闹中取静，忙里偷闲

初入大学，一切都是新鲜的。各种班级活动、团支部活动、学生会活动看得我眼花缭乱，身边的同学加入各级学生会的、加入各级团委的、加入各种社团的五花八门。在这样的气氛影响下，也考虑到要提高自己综合能力的目标，我加入院学生会学务部成为一名部员。眼前未知有趣的事物令人好奇，但此时我的内心是清醒的：在大学里，我的第一要务仍是求学问道，学业是放在首位的，其他经历只是锦上添花，不会雪中送炭。所以军训结束后开课不久，结合自己收看全校视频教务会议时的心得，我给自己定下目标：大一学年平均成绩要达到 90 以上，争取拿到国家奖学金；在学生会学务部做好本职工作，提升自己的能力；规律作息，晚上 10：30 前入睡，早上 6：00 起床，控制玩手机时间，勤锻炼身体多读书，为大学生活开个好头，也为保研早立基础。

早立下清晰的目标，有益于明确后续学习工作安排思路，接下来就考验执行力了。此时回顾我的大一生活，我很庆幸自己的坚持与较真，计划里的各种事项基本都有条不紊得到落实，就这样一步步朝着既定目标前进。大一学业任务较为繁重，其中高挂科率科目微积分（上）及线性代数与空间解析几何就是第一只拦路虎。懵懵懂懂学了一个月后，迎来了期中考试。这次考试打了我一个措手不及，虽然全班只有我一个人微积分及格了，但是望着 60 多分的成绩，我笑不出来，毕竟这与均分过 90 的目标相去甚远。于是我开始调整反思自己，发现自己在考试过程中基础知识有遗忘，一些试题明明可以得分但无从下手，还有平常做的练习题要求太低，学习的难度和深度不够。认识到这些问题后，我向老师请教继而调整自己的学习安排。之后学习新知识，我要求自己独立完成公式定理的推导，并持之以恒地把课后难度较高的习题完成，拒绝机械接受结论使我对知识的理解有了质的飞跃。这样到期末考试前，我只做了三套历年考题就已经胸有成竹。考试过程中我不急不躁，沉稳答题，最终虽憾失 2 分与满分失之交臂，但我因这门学科的初次失利到最后的成长而受益：吾日三省吾身，学习要求真务实，不驰于空想，不骛于虚声，注重细节不可松懈，要各方面严格要求自己。从那以后，我对自己的学习立下更高更具体的标准，功夫用在平时，只有这样才能临阵不失方寸。在学生会工作方面，我用心对待每一次任务，这个过程中我学习掌握了多种办公软件，与部门同事结下深厚友谊，沟通能力和表达能力得到了显著提高。业余空闲，因兴趣使然，我加入了学院足球队，绿茵场也成了我常"光顾"之处，有时间就与同学约球，既锻炼身体、提升球技，又认识到了许多不同院系的朋友，开拓了自己的眼界。

闹中取静，忙里偷闲，我的整个大一生活稍有迷茫，却也在初来的新鲜感中保持了清醒，未敢懈怠学习半分，空闲也要去课外感受不同的乐趣，不断充实自己，全面发展，誓要将未来的主动权牢牢地把握在自己手里。一学年下来，我两个学期的学习成绩均在 90 以上，顺利拿到了国家奖学金，综合能力有了提升，基本完成短期目标。

2. 大二:心有猛虎,细嗅蔷薇

一个暑假过后,就进入了大二。从萌新成为学长,从学生会部员变成了副职干部,角色变化对我来说也是个不小的挑战。要想轻松从心理上适应这个过程,大一的生活就不能过得太安逸,需要扎实的经历与锻炼才能更好地适应新角色。

大二学年,我一如既往制订了详细的学习计划,继续保持平稳的学习势头。但是随着学习范围扩大,我发现自己精力实在有限,想要像以前一样面面俱到似乎有些困难。首先,是来自科技创新训练方面的挑战。得益于学院的制度,我有幸分派到一位本科生导师。前期跟随老师做了一段时间实验后,徐老师指导我申报了一项 2017 年度国家级大学生创新创业训练计划。因为是第一次自己在老师的指导下比较独立地完成一个实验项目,心里一直没底。虽然老师和师兄、师姐一直积极给予帮助和鼓励,但我还是走了不少弯路。但现在回想,若不是那时自己查文献、参与制订实验方案、加班加点地做实验,一点点突破自己的瓶颈,也不会有如今的进步。除此之外,我报名参加了学院组织的许多专业内的竞赛,成果算比较丰富,拿到了化学实验竞赛一等奖、化学方程式配平比赛二等奖。我还参加了第八届全国大学生数学竞赛,取得了国家级三等奖的成绩。其次,学生会组织方面的任务量增加许多。学生会是为同学服务的,作为学生会的一员,我的任务不可谓不多。我所在的部门分工主要是核算全学院本科生奖学金及组织多门科目模拟考试,所以工作量较大,且技术要求比较高,事关同学切身利益数据绝不允许出现差错。所以,有些时候我要牺牲掉晚自习的时间及业余时间,甚至熬到深夜来保证相关任务完成。如今我特别感激这段经历,它极大地提高了我的办事能力,增强了我的责任感和担当。更为重要的是,部门里大家团结友爱,有任务一起扛,一起在学生工作室加班加点,一块吃盒饭,同甘共苦,建立起了牢固的友谊。每每回忆起这段时光,我的内心都会泛起一股暖流。

心有猛虎,细嗅蔷薇。忙碌的学习和科创占据了我的大部分时间,在朝向目标前进的路途中,有太多宝贵温馨的同学情谊在这一年里生根开花,学业之外收获的感情不免令人动容。大二,是承上启下的一年,我的学习与生活都得到了令人满意的答卷。大家在这个学期一定要谨慎,一篙松劲退千寻,这一年可能会有些许同学因为态度出现问题导致学习成绩下滑,挂科积累留级,甚至退学回家。坚持到底,你会发现曙光就在眼前,这一学年过后,即将升往大三,保研工作将正式提上日程。

3. 大三:厉兵秣马,枕戈待旦

有了两年的学习积累,打下了坚实基础,大三初期,我能够快速地调整适应,后期真正紧张的时候也不至于慌乱。努力终将迎来检验,我决心拼尽全力冲刺这段保研前的最后征程,厉兵秣马,丝毫不可松懈,全力以赴以待天明。

大二的暑假我没有回家,整个假期我都在为大三的各种事项做铺垫。第一,我的科技创新训练工作取得了不错的进展,国家级大学生创新创业(简称国创)项目基本完成,在老师的指导下我于暑假前又申报了一项重大型科研立项,所以暑假我需要在实验室提前开工,为 2018 年 11 月的“五四杯”做准备。第二,我继续留任学生会为大家服务,有许多工作在暑假期间就要展开。第三,身体是革命的本钱,所以,我需要利用这一段相对比较空闲的时间加强体育锻炼。就这样,我每天安排的行程都满满当当,虽然有些辛苦,但斗志昂扬。

大三学年一开始，繁重的专业课就接踵而至，课程节奏甚至难以把控。上课时老师讲课速度极快，需要课下及时回去复习，很多专业课结课也快，在学期中段就要面临期末考试，所以复习时间很紧张，这就对平常的学习要求较高。专业课数量多，学习强度大，是这一学年的主要特点。但只要认真学，大家学习成绩的差距不会拉开得特别大，这一学年不会出现较大的名次变动。并且前两年如果积累得较为理想的话，这一年也是收获的一年，通过"国创"和重大型科研立项的积累，在老师的指导下，我成功发表论文一篇。

行百里者半九十，越是到后期关键时刻越是不能放松自己。若是思想滑坡，行动怠惰，学习精力已如强弩之末，也很有可能被翻盘，前期努力将功亏一篑。

（最终经过三年学习积淀，我成功获得了保研资格，被理想的学校录取，在高分子材料领域继续科研前行。）



**编者评语**

机会总是留给有准备的人，成功绝不是偶然的，保研亦如此。韩正意同学从入学起就为自己定下清晰的目标，在生活学习中严格执行并一直坚持。学习上求真务实，不驰于空想不骛于虚声，注重细节不松懈；科研上踏实认真，勤奋刻苦，勇于接受挑战，全面提高自己；同时在学生会为大家服务，并加强体育锻炼，在各方面锻炼自己的办事能力和韧性。正是因为有明确的目标，各方面严格要求自己，有条不紊地前行，才最终顺利走到保研的路口，也使得大学生活充实而丰富。

## 你若盛开，清风自来

**个人简介**

赫海博，男，材料科学与工程专业，2015 级本科生，高分子与复合材料方向。本科期间曾获 2015 年校级大学生心理知识竞赛三等奖、校第七届"启航杯"大学生科技创新普及竞赛三等奖、校第 22 届"五四杯"大学生课外学术科技创新作品竞赛特等奖、校第 23 届"五四杯"大学生课外学术科技创新作品竞赛二等奖（一作）、2017 年大学生科研立项（普通型）结题一项、2018 年大学生科研立项（普通型）结题一项、国家级 2017 年度大学生创新创业训练项目结题一项、国家级 2018 年度大学生创新创业训练项目结题一项；荣获校三好学生称号三次、校优秀共青团员称号三次等。曾担任院学生会学习部副部长。现保送至吉林大学化学学院超分子结构与材料国家重点实验室高分子化学与物理专业。

我保研过程也算坎坷，其间尝试联系过几个学校和老师，保研过后认真思考了这段经历，在时间洪流中是极有意义的事，我决定把这段保研经历记录下来。

对于保研的这群学生你会发现一个有趣的现象：忙，他们真的挺忙。不断地忙学生社团的事情，不断地来搞一个创业团队，不断地在做着各种科研立项，不断地在做着高深的论文。关于这个问题，我想不少学生遇到过，或者是正在经历的。但是做各种事情甚至同时做许多事情,都有一个前提——分清主次,理清条理。接下来以时间为主线为大家介绍我的整个大学学习、学生工作、科研和保研过程。

1. 初入大学的第一年和忙碌的第二年

大学刚踏入的第一年,不管是学习还是参加社团等,都怀揣着一颗敬畏之心。和大家刚入学的时候一样,早上早起去上课,认认真真坐在前排记着笔记,提前一天去占座等。这些事情不说大家也都心知肚明。初入大学被突如其来的自由所充斥,由于对一切的不了解在内心深处产生了那份敬畏警告着自己不敢过度放纵。进入大学半年后,初入大学的那份敬畏渐渐被磨灭,开始缓解高中被管制带来的后遗症,进行各种不正规的操作,比如躲在后排不听课,作业稀里糊涂蒙混等。这就有相当多的同学在大一上的成绩比较好,专业前几名。在投机取巧度过大一下后,成绩掉落至十几名,平均分降低5分左右,比如说我。



然后再一次被那份敬畏反复警告,大学不是混混就毕业了的。在大二上学期,一方面和室友互相监督督促学习,长期早出晚归泡在图书馆,另一方面积极参加学生工作丰富课余时间。学生会学习部副部长的工作确实非常锻炼人。监督学弟学妹早自习和晚自习,日常上课检查到课率,以及在寒假独立为微积分小挂的学弟学妹布置复习任务和解决各种问题,等等。只有在所有时间都被占据了之后才会发现自己原来有这么多时间!同时,我在大二的时候,除了日常上课学习和课后复习,参加社团活动,完成学生会职责任务之外,还主动寻找研究所老师帮助,参加聆听组会报告和参与科研活动。整个大二一年下来学期末反思自己时发现和大一相比,至少比上一年清楚我现在需要什么,我不久的将来需要什么和我需要现在怎么做去达到我想达到的那个目标。

2. 知道取舍、果断放弃和困难重重的大三

两年大学生活之后,在与上几届的学长学姐和同学的各种交流探讨以及自己的不断思考中,明白自己想要的是什么,这真的是我大学以来唯一值得给自己一个大大的鼓励的事情。大三真的是需要自己决断的时候,是继续参加学生工作为同学服务还是专心为了自己的目标努力,这真的需要勇气。当然如果说你有能力兼顾双方,那说明你真的厉害。毕竟我也见过几个在大三一学期学习平均成绩就落后我4分的人,相当于一学期每一科落后我5~10分。这当然不是闹着玩的。所以我退出了所有的工作,专心学习专业知识,搞我的科研活动。不得不说,和我有同样想法的同学绝大多数都是今年保研的同学。

大三上真的是专业课多到爆的一学期,堪称回到高中,日常繁重的课业压力和实验屡屡失败的打击,真的是让自己怀疑当初的选择是否正确。其实想想做任何事情不都是这样嘛,设定一个目标,不断努力争取实现,在这过程中不可能一帆风顺,总会遇到各种打击和挫败让自己怀疑甚至放弃。但是坚持一下,再咬牙坚持一下,也可以说熬一下,也就真的看见曙光了。大三的专心学习和科研立项的结题让我弥补了大一懒散带来的失误,成绩重回专业前十,这让我更加坚定地奔着保研的目标前进。

3. 准备、失落、选择和圆满的大四

大致是大三下学期,同学们也就差不多确定保送的名额了。这个时候大家开始各种准备和查询。我自己的经验是认为以下几个关键时间节点应注意:

其实读研或者读博,实验室和导师是最需要考虑的。有非常厉害学校的渣实验室,同样也有普通高校的厉害实验室。在实验室经历了一段时间以后才知道,在一个负责任的实验室,成

长是极其迅速的，眼界也会变得更加开阔，老师的前瞻眼光和指引自己研究方向以及指导自己实验和各种实力都是让自己眼前一亮的。可能唯一能让你发愁的是自己论文看得不够多，知识储备量不够，所以拼命地学习，这是很幸福的事情。重要的就是，记住，你选择的不仅仅是高校的名气，更重要的是实验室的实力、课题组的氛围。所以在选择高校的过程中，不要盲目大意。要提前打听好实验室的情况，实验室之间的差距远大于高校之间的差距。

我的建议是，想要在短时间内了解一个实验室做什么，是可以先去实验室参观的。如果一个实验室有上进心，它是会很欢迎一个保研的同学去参观，并会安排人为你讲解。参观实验室的过程，要注意实验室的展板。实验室的展板类似于实验室的专业成绩单，你拍下来回去研究一下，另外哪位学长为你讲解，你可以加上他的微信，方便以后咨询。然后，搜索你这个方向实验室老师的文章。你可以大概浏览一下近三年文章的摘要，大概就可以明白实验室的研究方向。有耐心的同学可以执行这一步进行筛选，这样可以很大程度地避免以下的情况：你满怀信心地来到了一个看起来很牛的实验室，结果研究方向你根本就不感兴趣。

在各大高校夏令营的时候，会遇到相当多厉害院校的厉害学生，这个时候非常需要自己强大的心理素质和自信心，大家都是同样的，说不好之后谁会更厉害一些。在夏令营的时候，一定要多看多问多交流，和不同学校的学生，和负责招生的老师，和实验室的师兄师姐。夏令营真的是开阔视野和提高见识的机会。当然夏令营面试时也要表现得自信和精神。

4. 分清主次，理清条理——总结

就像我最开始说的那样，要清楚地知道自己要什么，需要怎样去做。分清各种事情的主次，理清各个之间的条理。大一大二我想参加学生工作多交朋友多认识新人，那就大胆地去做，去参加活动，去充当社团一分子。大三时我想继续参加学生工作为本科毕业找工作时积累经验，那就继续努力争取，努力干好分内之事。如果想要考研保研，就奔着目标去使劲努力。考研复习一年考上清华的也不是没有。同时，也要有强大的内心和坚定目标不放弃的毅力，起点和终点留在回忆中，坎坷的路途需要自己一点一点走完。无论自己的选择是什么，都需要完完全全地坚定目标，中途会有各种各样的打击和阻挠，一定一定要坚持住，熬过这座山，就是一片汪洋！

**编者评语**

保研学生的大学生活是忙碌的，他们做各种事情甚至同时做许多事情，但是他们能够分清主次、理清条理。赫海博同学以时间为主线介绍了他的整个大学期间学习 、科研及当学生干部的情况，为我们展示了他大学生活的忙碌与收获。要清楚地知道自己要什么，需要怎样去做，同时要有强大的内心和坚定目标不放弃的毅力，起点和终点留在回忆中，坎坷的路途需要自己一点一点走完。如果想要保研，就奔着目标去努力，无论是大一大二参加基础课的学习还是大三掌握专业知识和参加科创活动都要认真对待。

# 今日苦铸长缨，他日必缚苍龙

**个人简介**

杨兆祥，男，化学工程与工艺专业，2015 级本科生，材料与能源方向。大学期间学习成绩专业排名第二，获校五四杯特等奖和校三好学生荣誉称号，并担任班级学委。现保送至中国人民大学化学专业直博。

回首大学四年，选择来到哈尔滨工程大学上学是我无悔的选择。填报志愿前夕，爸爸告诉我："填哈尔滨工程大学吧，年轻小伙子去北方历练历练是好的。"化学工程与工艺专业到底是什么我也不清楚，就知道和化学相关，就成了我的报考专业。收到录取通知书的那天，我并没有对即将到来的四年有过太多的憧憬，也没有对哈工程有过什么想象，也没想过以后我会离家 2 000 千米。

未进入大学之前，我积极加入了新生群，在群里可以说我是最活跃的那几个人之一，不管是学长学姐还是同级新生，他们说一句我都会插上一句。来到了哈尔滨进入大学校园，第一次住宿舍的我，还是个满身是刺和棱角的石头，非常的不适应，同时 2 000 千米的距离让我异常地想家。入学军训时我作为排头兵，在教官的努力下，我瘦了快 10 斤。开始正式上课，我记得第一节课就是微积分，听说要占座就去得早早地，结果还是只占到了第一排的拐角处。大一上学期组织集体晚自习，我记忆里只缺席过一次，第一次见到下这么大的雪，室友很激动，我也很激动，就一起在八点多逃晚自习去军工操场堆雪人。基本上每周都要和室友出去聚餐，好好吃一顿，结果穷困到每周基本只能支付聚餐的钱，日常都没钱在食堂吃饭，整个大一下来瘦了接近 40 斤。整个大一下来，没有逃过课，拿到奖学金，参加了社团，还与室友一起潇洒快乐。整个大一应该是我笑得最多的阶段。其间也有不和谐的时候，当我自身的矛盾暴露无遗，表现在学习不认真，上课不会的下课就不再努力；贪玩，每时每刻都想着玩点什么；沉迷于手机游戏，无法自拔；寝室生活不和谐，和室友经常有口角；对院系安排的活动及晚自习相当排斥，非常抗拒而且还发牢骚。记忆里，从高考完到大一结束，也是灰色的。

上面都是我的大一生活，两种生活同时存在，在刚进入大学的初期，这两种截然不同的人生态度在我心里埋下种子、生根发芽。大一下学期有一次院系布置任务，采访大四学长的成功经验，当时他说过一句话我记忆犹新。大学就像游戏，也有自己的游戏规则，只要不触碰规则底线，你可以在大学生活里干一切你想干的事，但是只要一触碰，对不起，直接游戏结束。我当时的理解是，这个规则就是学业要求"不挂科、不违纪"；不去触碰这两件事情，我就可以去做自己想做的事情，吃喝玩乐。到了大一下学期，课程加重，心思没有放在学习上的我，相当吃力和大物打了个擦边球，事后回想一身冷汗。那个暑假想了很多，也想起了入学之前就计划好的目标——保研，精打细算过后，发现自己应该还来得及，大一成绩虽说不好，但也不差，可以一搏。大一的记忆中，我是灰的，不是因为环境的黑暗或是灰的，而是我在光明的环境中的某处阴影处灰着自己，某时我想站起来，离开阴影，伸手就是阳光。

大二学年的第一天，我就开始咸鱼翻身的旅程，上课极度认真听讲，下课复习，接触"五四杯”等科技比赛和科研立项，进入实验室进行实践学习，我一丝不苟地对待学习，但也时而偷懒和室友相约一聚或者假期出去放松。大二课程还是一如既往的难，我摸索出来的套路就是上课一定一定一定要认真听课，听老师讲，不管你觉得老师讲得好与坏，但是按照老师讲的思路，你带入课本知识点总是会简单方便很多。学习之余，有空闲参加实践活动必不可少，这里的实践活动是指进入实验室实践学习。我们这专业除了输入知识外还有一点就是动手摸索输出，这也是一个快乐的过程，真的非常快乐。为什么一个暑假转变这么大，其实我经历过才有这般体会，在改变之前，很多事情会一步步让我对自己失望，也一步步让我积累改变自己的决心和动力。在一个适当的时机，想通一些事情，被积压的决心和梦想突然的爆发，我之前不算是个很自律的人，拖延症很严重，但是爆发之后，我的室友给我的评价是过于自律，的确如此，这段时间里我又瘦了。



到了大三上学期末，形势开始转变，是时候考虑读研的何去何从，在这之前，认识一个浙江大学相关专业的教授，并在大学期间给予了我很多指导，当时我的目标就是浙江大学，为此在大二的那个寒假，我还特意去浙大参观，并对我室友说，总有一天我一定要在这！在我为以后怎么走这件事焦虑的时候，转折点来临了，当时实验室的老师告诉我：如果以后真心想做科研，两个地方建议你去，第一，北京；第二，上海。这两个地方资源非常强大，在这两个地方有着其他地方不具有的科研基础和国际交流。因此我也基本确定要放弃浙大，去北京或者上海，其中北京优之。其实当时的焦虑主要在于两点，第一，不知道自己的成绩能不能稳稳地保研，所以为此我两手准备，整理高数书和专业课，准备随时开始复习；第二，就是寻找导师，这件事很麻烦，在不敢确定能否推免的情况下，是没有底气给其他学校老师发邮件自荐的，但是如果不抓紧下手的话，可能等你确定名额以后，就没办法找到好老师了。这是我当时的问题所在。

我是比较幸运的，但是在大三下学期开学，我和之前实验室的老师交流以后，老师就帮我问了问，然后就找了现在的课题组，并推荐我。我的运气一向如此的好。看我朋友的一些保研经历，有在大三下学期末就联系的，也有在大三暑假才开始联系的，最终的去处都相当的好。那句话：你若盛开，清风自来。不过还是要争取机会，而且机会来临时，理性思考，如果可以，抓住机会。

写这个经历分享时，我在不断地回顾已经过去的大学时光，回到现在，我的大学时光所剩无几，现在我真的是无比地珍惜剩下的时光。之前也有老学长告诉大一大二的我们，要珍惜大学四年的时光。说到底，只有在经历了以后，快要结束之前才会无比的珍惜，在经历过程中时又怎会意识到如此。现在这个阶段，我的确很在乎这四年的时光、努力以及坚持，虽然有很多地方会后悔当时的决定或者做法，但是我对这四年来的成绩以及结果没有任何的后悔和难过。所以我觉得我的四年算是及格了。

这四年真的是个转折点，这四年中，我成年18岁，我从十字辈到二十字辈，我不再单纯固执，我变得成熟和学会思考人生；我抓住了我想要的东西。就是这样，只要在毕业时回顾这四年的时光，我能给自己足够的理由说服自己，给自己一个合格的答卷，这个试卷是在四年前自己给自己出的试题，四年后自己给自己评分，及格就完事了。

祝你们好运，也祝自己以后好运。

**编者评语**

从军训的艰苦和大一时对于大学生活学习的不适应，到大二时奋发图强，不仅上课认真学习，还进入实验室实践、参加科技比赛和科研立项，大三时为保研做最终选择和准备。杨兆祥同学在大学中做到了珍惜与坚持，在机会面前理性思考，努力争取。也许我们会在一些方面后悔当时的决定和选择，但是不后悔的是四年的努力和坚持，所以对于所取得的成绩和最终的结果在意料之中也是对自己的肯定。也要相信掌握知识输入和动手摸索输出的过程是相辅相成，也是能体会到学习快乐的过程。

## 时刻准备着

**个人简介**

周伟，男，材料科学与工程专业，2015 级本科生，高分子与复合材料方向。本科期间曾获得五次校优秀学生一等奖学金和一次校优秀学生二等奖学金，2017 年高教社杯全国大学生数学建模竞赛黑龙江赛区三等奖、第九届全国大学生数学竞赛（非数学类）黑龙江赛区二等奖，哈尔滨工程大学第 23 届“五四杯”大学生课外学术科技创新作品竞赛二等奖，作为项目负责人，成功申报哈尔滨工程大学 2018 年度国家级大学生创新创业训练项目并顺利结题；荣获校三好学生、校优秀学生干部等称号，担任 20151054 班副班长兼心理委员。现保送中国科学院宁波材料技术与工程研究所，专业为高分子物理与化学。

在经历过去年的“保研争夺战”后，我成功保研到中国科学院宁波材料技术与工程研究所，成为 2019 级直博生。我目前所在的课题组是宁波材料所智能高分子团队。我们课题组致力于非对称高分子复合材料的表界面织构及其在形状记忆、智能驱动、柔性可穿戴传感器件等方面的应用，主要通过碳基薄膜、水凝胶与纳米金这三种主要材料来实现材料的智能化。此刻的我，就在宁波材料所进行本科毕业设计，坐在自己的电脑前，写着这份保研经验分享。

保研是一场长久的拉锯战，需要你从各方面做好充分的准备去迎接它。

我刚进大学时，尤其是在大一上学期，完全没有在状态上，当时也没有想过保研，甚至觉得保研与我根本不相关。后来，在大一下学期，当时周文哲学长在一次经验交流会上讲述他自己的事迹时，我决定要保研。对的，我要保研。所以，从大一下学期开始，因为心中有着这样一个四年后的目标，我整个人明显变得更加积极了。有目标之后，就要开始为目标的实现付出相应的行动。

学习成绩需要提高，至少让自己处于所在专业前 15%，并且在四年中基本上要处于一个比较稳定的状态。因为成绩对于很多学校来说，是一个必要的入场券。所以，接下来我先谈谈自己一些科目的学习经验。

第一，是高数的学习。高数确实很难，但是只要你多做题，并且总结相关的规律，其实在最后考试时拿到九十多分还是很轻松的。当然，可以给自己定得高一点，比如说考个满分之类的。在高数中，尤其是积分、微分等相关知识点，还是得重点关注一下。不仅仅是因为它们是高数课程中的重点，而是对于我们学习材料的来说，这两块知识点在后面某些专业课程中也会有所涉及。而你掌握了这两门工具，就会发现专业课中某些知识点学起来比较轻松。

第二，是大学物理、电工基础与工程力学这三门课程。为什么我要把它们放在一起呢？因为这三门课程都是与物理相关的，同时在工程力学中也会涉及材料静力学相关知识点。而我自己也比较幸运，大学物理和电工基础都取得满分，工程力学也是优秀。针对这三门课程，我的学习经验就是模型构建。因为对于物理学，很多案例都是源于一个基础的模型，只有掌握了基础模型，才会在这个基础上有所突破。其实我们学校的物理考试题目都是相对比较简单的，特别是大题部分，只要你期末考试前多做一些历年考题，在考试时总会有一种"似曾相识"的感觉。然后就是选择题和填空题，这个就需要对于某些知识点的细节有一个比较到位的理解，还是像我之前说到的——模型构建。因为物理的学习，它更多地需要你从宏观去把握一个知识点，需要的是你的逻辑思维。



第三，就是英语。大家千万不要小瞧它，因为在保研过程中，你的四六级成绩就是一张入门券，我之前也是因为六级成绩不够，所以没有被录选浙江大学的夏令营。另外，平时多训练一下自己的口语，因为在面试时大多数都有英文自我介绍。

第四，专业课程一定要学得扎实。尤其是你自己本专业的最核心课程，如果你能学到讲课的水平，那么恭喜你，夏令营的笔试你会游刃有余了。当然，这里需要提醒大家的是，提前给自己定下几个保研目标院校相关专业，然后去相应的论坛或者官网上找找前面夏令营笔试的科目，会让你更加有针对性地学习。

大学四年，成绩是最基本的保障，但它也仅仅代表了你的一部分能力。未来的生活、工作与学习中，对于综合型人才的需要会越来越强烈。所以，除了学习，你还得做点其他的事。

首先是科研竞赛。我自己对于大学的规划是前两年主要专注于学习，后两年学习、科研两手抓。我在大三上就开始参加一些比赛，比如全国大学生数学竞赛、全国大学生数学建模。这里需要说明的一点就是这两个比赛只要你能获奖，对于你最后保研的加分是有很大的帮助的。之后，我又参加了校五四杯竞赛，也是在大三上学期。而五四杯竞赛，一般作品都是与你的专业有很大关系的，所以一定要让自己在这个过程中有所收获。在大三上学期，我开始作为项目负责人独立承担项目课题，并申报了普通型立项与国创。这里需要提醒大家的是，尽量早点进实验室，不要像我一样在大三下，也就是保研前夕才开始独立实验。国创最好在大二的暑假就找好老师，开始进行相关工作。因为你要读研，那么你在本科阶段的科研经历对于你后面的面试是很加分的。并且提前开始进入实验室，也会让你更加有机会在国际期刊上发表相关文章。一旦你有了 SCI 论文，那么你就会成为"抢手货"。当然，前提是你得实实在在地在这份工作中付出并且收获。因为老师们更加在意的是你在科研过程中的收获。

其次，在相关部门担任一定的工作职务，最好是校级或者院级的组织。我自己四年来只在班级担任了副班长一职，尽管这个职务也让我收获了很多，但还是远远比不上校级或者院级组织对于你能力方面的锻炼。同时，校级或者院级组织中的职务也会在保研时给你加更多的分。

最后，如果你有充足的时间，或者是对学习科研之外的其他方面有很大的兴趣，不妨加入某一个社团，因为兴趣爱好的培养，尤其是你在与你未来的导师单独面谈，说不定就会因为你们俩有一样的兴趣爱好而让老师对你有一个更加好的印象。因为这样的例子也确实存在，只不过比较少而已。但是，作为一个优秀的人才，德智体美劳全面发展，这样的经历也是应该有的。

这个时候应该就是大三上学期了。下面我也将从自己亲身经历的角度来分享这段最重要的前夕战中我的心路历程。

2017 年结束，寒假回到家，我当时就开始在网上找相关的学校专业与老师。由于自己是高分子专业，并且后面也没有考虑要换方向，以及我对智能高分子有着很大的兴趣，我就开始在它们学院的网站上查找老师。宁波材料所正好有一个智能高分子团队，已经有六年多的基础，并且陈老师也入选青年海外高层次人才引进计划（简称青千），所以，当时我在心中就把陈老师作为我的最佳人选。



在夏令营前几天，我给宁波材料所智能高分子团队的陈老师发了邮件，并附上了我自己的简历。陈老师对我表示欢迎，由于夏令营期间，他正好在德国出差，便给了我他们组另外几位老师的联系方式，并帮我修改了面试 PPT。说实话，当时还没去，内心已经充满期待了。宁波材料所的夏令营时间较长，总共有五天。面试是安排到了第四天。我在夏令营期间表现得十分积极，积极去与陈老师组的老师及师兄师姐交流，并且还参加了他们组的组会。面试主要就是以 PPT 的形式展示，然后老师们就问了我几个比较简单的问题。最后就是抽签进行英文阅读与翻译。抽到的题目都是一些科普类型的文章。尽管上面有好多单词我也不会，但我没有一丝慌张，按照自己的理解与各位老师进行交流，其中还有陈老师组的另一个老师在我翻译卡住的时候为我打圆场。这里说一下，大家可以在之前准备的时候，多看一些专业方面的英文书籍，或者当你有目标导师时，看看他们近期发表的文章，对于你后面都是有很大的帮助的。

2018 年 7 月下旬左右，我成功收到了宁波材料所的录取通知。至此，我的保研之路也就结束了。至于后面的本校推免名额，由于我成绩远远排在专业前面，所以就没有多担心了。最后就是在 9 月 28 号在网上正式确认，至此，保研全部结束。

此时，已经写了好几个小时了，不可能面面俱到。我只是尽自己最大的努力，让看到这篇文章的学弟学妹们能够有所获益，少走弯路。

最后，祝愿未来的你们保研成功。加油！

**编者评语**

保研是一场长久的拉锯战，需要从各方面做好充分的准备去迎接它。高数、大学物理、电工基础与工程力学等基础课和英语四六级及专业课程成绩优异是保研的基本要求，有针对性地参加科研竞赛不仅对保研加分有很大帮助，而且在参与过程中有所收获，在校级或者院级组织中担任学生工作职务也会在保研时给你带来优势。在准备保研的过程中，周伟同学强调要深入了解自己的专业及研究方向，积极联系导师了解相关课题研究进展，多看专业方面的英文书籍和最新文献，以便于在面试时轻松应对。

## 2.1.2　保研方法技巧篇

# 终点即起点，以策万全，正确做好每一次选择

**个人简介**

王伟涛，男，材料科学与工程专业，2015 级本科生，高分子与复合材料方向。本科期间获得国家励志奖学金两次、黑龙江省三好学生一次、第六届全国 TRIZ 杯大学生创新方法大赛三等奖、第八届全国大学生数学竞赛（非数学类）三等奖、校一等奖学金三次、校二等奖学金两次、校三等奖学金两次、校三好学生两次、校优秀学生干部一次、校优秀共青团员两次等。曾担任校学生科协编辑部副部长、校学生科协副主席兼《创客 +》执行主编、材化学院本科生材料专业第二党支部组织委员等职务。现保送至华南理工大学材料科学与工程专业。



各位学弟学妹，大家好！我叫王伟涛，来自 20151054 班，保送至华南理工大学材料科学与工程学院发光材料与器件国家重点实验室读研。华南理工大学（South China University of Technology），简称华南理工，是中华人民共和国教育部直属的全国重点大学，国家国防科技工业局与教育部共建高校，首批“世界一流大学建设高校”“211 工程”“985 工程”重点建设院校之一。下面我就将自己的一些保研方面的经验与技巧分享给大家。

其实，读研的想法在大一入学时就印入了我的脑海中，这不仅是我自己的意愿，而且也是家里对我的期望，所以从大一我就奔着保研的目标努力。记得入学前我告诉自己“每一个终点都是新的起点，每一次结束都是新的开始”“我命由我不由天”，现在回想起来，我还是很佩服大一大二时的自己，那时的自己真的很努力。而我能保研，很大程度上是靠着那两年的努力。而到了大三，因为在学生工作里投入了大量时间，学习自然也落下了，大三的课程很多是专业课，这阶段的专业知识学习也为我之后的保研经历做了铺垫。

保研要早做准备。对于早已决定要读研的同学来说，保研之前的三年学习准备是必然的，我这里说的“早做准备”主要是指在大三下学期这一学期的准备，这个也很重要，对于你自己来说也是一个漫长的过程。首先，了解保研流程。这个渠道有很多，最直接的渠道是询问已经保研的学长学姐；还有一个很重要的渠道：通过微信公众号等网上平台，这也是我获得各种保研信息的直接方法，在微信上搜索公众号“保研”，会出现很多微信公众号，也不用全部关注，关注搜索结果里前面几个，如“保研”“保研论坛”“保研人”“易保研”等，这些就足够你在保研过程中获取大部分信息了。经过概括总结，保研流程主要包括：①材料准备（3 ~ 5 月）；②夏令营申请与考察（6 ~ 8 月）；③9 月推免（9 ~ 10 月）；④保研资格与录取确认（9 ~ 10 月）。

在了解保研流程之后，就要着手准备各种材料了。（这是我建议你们早做准备的重中之重，其过程很漫长，还可能发生意想不到的小曲折，我就是因为这些材料准备得较晚，在申请夏令营的时候手忙脚乱。）要准备的材料类型可以通过搜索几所较为中意的往年高校夏令营通知，也可以通过之前说的那些公众号了解。材料的准备一般包括以下几种：①手上已经有的材料，如身份证、学生证、本科前五学期成绩单、各类英语成绩单、各类科研竞赛获奖证书、其他证

书(社会实践等)。这些材料整理好,全部扫描一遍,以备之后网上提交材料、邮寄纸质复印材料用。②简单组织语言的证明材料,如获奖证明(证书遗失、证书发放时间较晚)、任职证明等。这些需要自己组织好语言,打印出来,然后找相关负责老师签字盖章,因为涉及签字盖章,不能保证老师任何时间都有空,所以要赶早,同样的,完成之后记得扫描。③花费大量时间书写、修改、整理的材料,如个人简历、个人陈述、专家推荐信、研究计划(这项一般需要直博的同学书写)等。具体如何书写,有需要的同学可以在文末查看。

除了要做好准备之外,保研要做好选择。①学校的选择。这个涉及的因素有很多,主要是读研之后的目标,是要深造还是要找工作,一般来讲,北方研究氛围更加浓厚,南方工作机会更加广泛,研究所对于深造更直接,高校在找工作时认可度更高,当然这些也不是完全绝对的。②专业的选择。可能会有人产生疑惑,专业还用选择吗?当然要。在研究生期间,你的专业方向会分得更细,你的专业方向也决定了你研究生期间的“日常生活”和你以后的发展方向。除此之外,对于材料类的学生来说,选择的研究生专业范围更广,你不一定要在研究生期间继续攻读材料专业,与材料相关的或者有交叉的学科都可以成为你的选择,只要你有兴趣和准备。③导师的选择。依然是依据你以后的目标,或者也可以说是你读研的目的;如果只是想拿个硕士文凭找工作,个人感觉找个将要退休的一般教授是最好的选择;如果是想在研究生期间有很好的成果(无论是只读硕还是要深造),可以选择年轻的老师。



写到这里,本想在写一下我的保研经历,虽然经历较曲折,但叙述起来也只是流水账,比较重要的点也在之前提到了,不如直接来点干货(主要是夜深了,写不动了,明早还要早起做实验)。这些干货有些是我自己整理的,有些是收藏的微信推送(又给那些微信公众号打广告了),相信肯定对大家会有很大的帮助。祝各位心想事成,找到满意的学校,遇到满意的导师,一切顺利!

(1)个人陈述写法总结

①个人陈述的题目:用创新性的XXX科学技术改变人们的生活方式是我们的追求。

②个人陈述的内容:在简历上更进一步了解研究能力、科研方向、未来的规划。

③研究能力:一个或几个项目适当展开去展示研究能力,专业性词汇,细节性的东西,数据,如何解决了决定性的问题,遇到了什么问题。

④研究方向:结合自己的书本知识选择做一些研究项目,做项目的时候发现自己对什么感兴趣。

⑤研究规划:现状分析,存在问题,总体目标,科研重心(明确规划很重要,第一年第二年等)。

⑥三个问题:不要直接写XXX是我一直向往的大学,要具体,比如写看到什么论文。

⑦个人陈述不是越长越好。

⑧个人陈述可写可不写缺点,最多一条,不能写致命缺点(短时间无法克服或令人反感的),也不要把优点写成缺点,顶多写能改正的缺点。

(2)其他保研问题

①数学建模可以是科研项目、获奖情况。

②论文可以不是自己研究的方向。

③跟着老师做课题,但是没有论文也算科研。

④对不同学校、不同导师,简历、个人陈述要做小修改。

⑤论文一作是老师,可以写学生二作。

(3)保研推荐信的书写指南

基础认知如下:

①可写好,再由老师修改,手写优于打印,但不是必须手写,根据实际情况定。

②信封封面写上专家推荐信,骑缝口处签字粘贴好,防止学生打开篡改。

③时间很重要,目标规划院校一次完成,老师一次签完所有。

推荐信内容如下:

推荐人姓名、职称、职务、工作单位、联系方式、签名、推荐日期等。

①老师和你是怎么认识的。

②学习成绩、研究能力、工作经验、组织能力、品行、天赋及个性方面,任课老师就对于课程方面的说明,不要说与该老师无关的。

③别写缺点。

④不要一堆奖项堆积,不可能太过全面,因为老师仅知道某些方面。

⑤内容不能太空洞,要有论据、细节。

⑥不同推荐信语气上要不一样。

⑦500 字就可以。

⑧项目老师:项目难题,坚持不懈解决;任课老师:课后与老师探讨问题;除非是本专业的老师,尽量不要找其他老师写推荐信。

⑨找谁签字:优先选择更了解自己的老师。

(4)其他问题

①老师职称:教授—副教授—讲师,研究员(相当于教授)—副研究员—助理研究员,教授级高工—高级工程师—工程师。

②不要把中文版简历直接翻译成英文。

③要用原稿,不能复印。

④不同学校推荐信要有些不一样。

⑤没有要求推荐信,也要发。

⑥信封和推荐信都要老师签字。

⑦字体:微软雅黑,小四字号。

⑧正常邮寄的信封就可以。

### 如何书写一封好邮件

①言简意赅的标题与显示名:标题和显示名就像是你的脸,一定是你的真名,要突出直博,标题:保研自荐 - 学校/姓名 - 直博。

②逻辑清晰的正文:称呼要写,XX(姓氏)老师,正文的内容一定要分段,每段只讲一件事,总分结构,措辞简洁,写完自己检查缩减。

③三段式法则:a. 表明来意:快速说明自己是谁,希望攻读研究生/直博生;b. 情况概述:名次、学校专业、非常突出的地方、成绩优异的学科(和导师研究方向匹配),限制在 100 ~ 150 字;c. 师从原因:让老师觉得是奔着自己来的,做过调研,但不要用力过度;之后表达感谢,并说

明简历内容在附件当中，请老师查阅，加上一句祝福语，整封邮件字数保持在350字以内。

④简洁的格式：简洁就是风格统一，不花哨；不用不同颜色、不同大小字体；不用背景图，更不要用背景音乐；只用分段、缩进、加粗三种方式进行排版。

⑤附件：PDF格式最好，没有之一，简历不要和其他文件打包，不要把所有材料放在一个PDF里，简历单独列出。

⑥发信前检查，设置一分钟后发送、半分钟内可撤回，不要设置已读回执，不要让老师等太久，及时回复。

⑦去哪里找导师邮箱：学校官网；文献检索；公众号。

导师邮件回复法则



邮件沟通中的核心要点。

①每封邮件必回复。

②谦逊有礼主动出击。

③站在对方的立场思考问题。

邮件九大回复类型如下。

①明确拒绝类。很抱歉，我不招收校外硕士生/直博生；目前没有2018年招生名额，请尽快联系其他老师；谢谢来信，我现在的专业是XXX，请您联系其他适合的老师。回复：谢谢老师的回复，是否有合适的老师进行推荐。

②明确接受类。通过对你的了解，认为你很符合我们实验室招生要求，只要你愿意加入我的团队随时欢迎你；由于我这里的名额有限，给你挂到XXX老师名下可以吗？通过之前的了解，我与课题组老师研究认为你可以到我们这里读研；恭喜你，你通过了我组的面试，欢迎加入课题组，后续具体事宜与老师联系。回复：确认是学硕还是专硕；确认老师具体是做什么方向的，与自己意愿是否匹配，了解深度信息，与导师保持联系。

③主动提出深入沟通类。我的电话是XXX，可以在XXX时间联系我；XXX同学，很高兴收到你的来信，很高兴你对我的方向感兴趣，欢迎你攻读我们专业的研究生，如果专业和报考有其他疑问，可以及时联系我XXX（电话号码），也欢迎你到我们实验室交流学习；为方便联系和回答你的一些问题，我们可以加一下微信，我的微信是XXX，何时方便可见面沟通，或电话交流；我最近在XXX，看看什么时候可以聊聊？回复：电话联系不要拖，尽快进行电话沟通；面对面要做好准备；确定时间，保持沟通。

④提出问题类。从你的简历看，各个方面都比较符合我的招生要求，实验室欢迎你，下面一篇文章是我们实验室最近研究上面临的一些问题，希望你你能谈谈自己的看法；我的实验室方向是XXX，你对这方面有兴趣吗？附件有一篇关于XXX的论文，请你结合论文谈谈对XXX的理解。回复：进一步深入考察做研究的思维，不要上网找别人的陈述复制粘贴，要结合自己的经历回答。

⑤等待夏令营录取类。请问你有被我们学校的夏令营录取吗？夏令营前/期间我们可以见一面；你可以报名我们学院的夏令营；看了你的简历，感觉我们的研究与兴趣点相近，如果你能拿到面试的名额，我可以接受，请注意我们院系官网的夏令营信息。回复：说明导师有个录取的最低标准。在夏令营录取结果出来时，及时告诉导师，夏令营开始之前争取和导师联系的机会；时刻关注夏令营通知，没有过的话，及时告诉老师，争取能去面试。

⑥等待实验室/课题组预录取面试类。我们实验室将会在暑期进行统一的面试，请等候通知。回复：想要去导师实验室帮忙，需要做哪些准备？

⑦等待 9 月份推免面试类。请先认真准备复试吧，9 月份复试通过后我们再见面详谈；谢谢来信，欢迎报考，今年 9 月份推免时联系如何？回复：争取提前见面，做好心中有数，不要等到 9 月份联系，也可能是委婉地拒绝。

⑧联系招生负责人类。关于具体招生问题你可以联系我们实验室的老师；收到邮件，我已经把你的邮件转给实验室负责招生的老师了，详细情况你可以与老师联系。回复：再次联系时要重新表达意图，说明情况。

⑨敷衍欢迎类。欢迎报考，欢迎你来我们实验室，不要紧张，好好准备，面试才是最重要的；保持联系；欢迎做我的研究生/欢迎来到我的实验室/欢迎加入课题组/欢迎加入团队；收到邮件，欢迎考研报名；如果能保研欢迎你来这里。回复：主动一些，花一些时间探讨学术问题/读一篇学术论文，写一篇综述报告以 PPT 形式发给导师，建立信任；如果还是没回邮件，自我反思 PPT 内容。

保持沟通：主动要求助研（本地），探讨学术方面的问题，报告近期的情况。



**编者评语**

正所谓，知己知彼、百战不殆，考研这场胜似高考的战役中，我们也绝不能放松，有方法有策略地了解一切，明确方向，了解优势与劣势，掌握方法与技巧。正如王伟涛同学所说：每一次的结束都是新的开始，在这个交接过程里，应打好提前量，做好准备与选择，多听听引路人及一些保研论坛和公众号的经验之谈，胜过自己摸爬滚打。另外，以上经验总结了个人陈述、推荐信、邮件及如何回复等方面的书写规则，希望这些宝贵的经验能够帮助更多的学子走上读研之路。

## 习惯与准备，保研路上的基石

**个人简介**

陈师杏，女，材料科学与工程专业，2015 级本科生，无机功能材料方向。本科期间获得校奖学金六次。参加竞赛获国家级奖项四项，地区级奖项两项，校级两项。完成国家级创新训练项目一项，省级立项一项，校级重大型项目一项。曾荣获校优秀学生干部，优秀共青团干部等称号。曾担任校科协立项部部长。班级科创委员。现保送至哈尔滨工业大学硕士研究生，研究方向为结构陶瓷。

在这里想把我保研至哈尔滨工业大学的经验分享给师弟师妹，希望能够在其保研过程中提供一定的支持和帮助。

从学习方面来讲，大学学习相对轻松自由，时间宽裕，在学习上老师是不会过多地干预你的，主要是自学。要学会给自己定目标，把时间阶段性、有条不紊地细化，高效地利用起来。知道自己要做什么，才能很好地去实行。图书馆将会是一个你长时间奋战的地方。为了汲取大量的知识，必须要提高看书效率，学会快速阅读。另外，就是一个坚持的问题了，坚持一天容易，一个星期有点难度，一个月、一年或整个大学阶段就不容易了。所以，在大学的学习过程中，想取得良好的成绩主要是养成一个好习惯，坚持学习。

一般说来，大学四年需要学习的课程有四五十门，每一个学期学习的课程都不相同。大学一、二年级主要学习公共课程和基础课程，大学三年级主要学习专业基础课和部分专业课，大学四年级重点学习专业课和进行毕业设计、做毕业论文。在学习方法上，首先是要做到主动预习，通过预习了解课程的前后关系及内在联系，能够大体上对所学知识有一个初步的认识，不要求都懂，也不用花很多时间，但预习会很大程度上避免上课听不懂的现象；其次是要认真听课，不逃课不打瞌睡，努力提高听课质量，紧跟老师的思路，适时记录老师上课时所传授的知识和具体的、有特色的解题思路，不需太详细，但层次要分明，提纲挈领，突出难点、重点，做笔记一个最大的优点还可以提高注意力，防止精力分散。有时候我们前面的内容没听懂，这是常有的，但不是接下来的内容就不听了，要把前面的结论当作已知量，接着往下听。然后是要独立完成作业，大学的作业相对高中而言，量少而精，着眼于加深对原理的理解和思考方法的培养，我做作业前一般都会把这堂课的书本内容认真地看一遍再做作业；最后，每隔一段时间，还要进行一次综合复习，可以画图、画表归纳整理，这样你会对整个课本内容有一个全面、概括的了解，有利于加深理解和系统记忆。



从时间线来讲，对于志在保研的同学，首先，前三年要保证成绩要求，成绩排名及百分比越高，保研到名校的可能性越大。大三下学期3～5月份可以尝试联系一下自己心仪学校的心仪导师，一般导师都会让你7～8月份再联系他，如果导师要求和你见面，说明导师对你的简历还是很满意的，就要好好准备和导师的面试。大三下学期4～6月份，大多数高校都会公布保研的夏令营入营要求，要时刻关注自己心仪院校的夏令营，大多数高校夏令营都会确定大部分的心仪人选。大三下学期7～8月份基本上是各高校夏令营的举办时间，这是深入了解自己心仪院校和心仪导师的好机会，可以尝试和导师见面，夏令营都会安排面试，要好好准备自己所学的专业课及和导师研究方向相关的专业知识。9月份是正式推免，对于夏令营没有通过的同学，就要好好准备复试了。

我获取信息的途径主要有两个：第一是高校的招生官网，这是最官方、权威的信息发布网站；第二是各个保研的公众号，例如保研论坛、保研君等。公众号上会发布大多数高校的夏令营、推免等信息。

在夏令营及推免开始之前，高校都会要求投寄材料，材料主要包括以下几个部分：成绩单、成绩排名证明、英语成绩证明（如四六级成绩单）、获奖荣誉证书、公开发表的学术文章等。成绩及排名要求：不同高校的要求不尽相同；英语成绩要求：大多数高校都会要求六级通过（425分以上）。对于考过托福、雅思等的同学，会比较有优势。获奖荣誉证书方面，参加各类竞赛的获奖荣誉证书、奖学金。公开发表的学术文章方面，发表过论文的同学在保研过程中会比较有优势，证明自己参加过科研训练，并有一定的学术基础。

在选择老师方面，当你自己选择好了学校、专业后，就可以通过查阅这些学校和专业的网站，找到一些导师的简介。几乎每所高校网站里面的导师简介都会说明这名导师的研究方向、曾主持过的项目、发表过的论文和著作等。这时候，你就可以发挥互联网强大的搜索能力，你在百度、谷歌等搜索引擎中输入某位老师的名字，你就会发现一连串与这位老师有关的资讯，或者在学校图书馆的数据库里面输入老师的名字或者他的一些作品名称，找到他们曾经写过的论文或者著作，下载下来看看，这样你就对这个老师的情况有了更进一步的了解了。了解了导师，你才能够更好地“投其所好”，无论是在写“个人自述材料”中的“研究兴趣”“研究生计划”还是接下来的面试、复试中都可以让自己有一个较为清晰的方向。

在面试方面，面试形式主要考察专业素养和英语能力。英语能力大多数高校都会以文献的阅读和翻译为主，涉及许多专业词汇。专业素养主要以专业知识的考察为主，面试的导师主要以你成绩单上成绩比较高的专业课，及和导师研究方向相关的课程为主，问题形式很多，面试前要好好复习。我参加的是哈尔滨工业大学的面试，自我感觉一般。面试时最好的方法是要自信，不要被老师的问题吓到，自己知道就是知道，不知道就是不知道。面试之后感觉不好也不要太难过，老师会通过多方面考虑的。



另外，自述材料是让导师认识和了解自己的一个极为重要的载体，所以大家一定要花多一些精力去写好一份自述材料。一份自述材料应该包括：①学习情况（重点突出自己专业知识的学习情况）。②研究兴趣和方向。③科研经历。④研究生计划（导师尤为看重这一部分，因为导师十分看重一个学生对自己今后研究生生涯中的学术课程规划能力）。⑤附加材料：发表过的论文、曾获的奖项、个人成绩单等有用证明材料。

总的来说，希望各位有意保研的学弟学妹早日确定目标，从科研、竞赛、学业成绩等方面提升自己，尤其是要精通专业知识。多和学长学姐沟通并学习他们的成功经验。保研是一场拉锯战，很大程度考验大家的勇气，夏令营是个很好的机会，希望大家想保研的尽量去参加学校的夏令营，这为你后面的预报名和推免系统报名及面试都会是很大的帮助。如果大家在推免系统开通之前没有找到心仪的学校也不要害怕，这个时候很多学校都没有招满，可以努力尝试好的学校，所以保研这条路很大程度考验勇气和魄力，向着自己的目标努力会有好的结果的，最后希望未来的学弟学妹们都能有个好去处，前程似锦！预祝大家保研顺利！

**编者点评**

保研并不是一朝一夕的事情，是一个需要长期准备的拉锯战，要想在这场战役里取得满意的结果，需要在方方面面做足功课。在学习过程中，陈师杏同学的主要方法是制订学习计划的同时严格按照计划及习惯进行按部就班的预习、学习及复习。在保研过程中，要做到保研流程清晰、学校导师选择有依据等，其中夏令营、自述材料及面试等方面都是宝贵的机会，在这之中应保持科学严谨的求学态度，知之为知之，不知为不知，切忌班门弄斧、弄巧成拙。在保研这条道路上，要保持勇气和魄力，找准正确的方向，并朝着这个方向前进，不懈地努力。

# 精益求精、认真严谨对待学习

**个人简介**

侯旺文，男，材料科学与工程专业，2015 级本科生，材料成型及控制工程方向。本科期间获得过“启航杯”科技创新比赛三等奖、校优秀学生干部称号、校优秀学生一等奖学金、东北三省数学建模联赛三等奖、第十届国际大学生雪雕大赛优秀志愿者、第四届中国大学生材料热处理知识与创新大赛三等奖、第四届全国高校大学生材料综合技能大赛一等奖等。曾担任院学生会体育部部长。现已保研至华南理工大学。



这里是我关于保研及学习的一些经验，分享给需要帮助的学弟学妹。

其实在学习方面，我不是学习成绩最好的那个。我要说的也谈不上什么经验，算是给大家的建议：

①上课一定要跟紧老师，老师上课的时候其实很多重点都强调了好几遍的，跟住老师这课就算成功一半。相信很多同学都有这种感觉，上课听着听着就开始想看看手机，然后这节课大半时间都在玩手机了。我建议大家手里拿支笔，手机调成飞行模式，这样专注度更高。

②第二是及时复习，晚上睡觉的时候想想今天学的内容。平常上课前、课间再翻翻上一节课的笔记。

③课前预习，上课前一天晚上粗略看看明天要讲的内容。

④注意多拿平时分。很多课程考试除了期末的七十分还有三十分的平时成绩，这个成绩越高越好。专业课老师要求的作业认真完成，分数肯定不低；马原、毛概这类思政课就要多回答问题，积极发言，与老师互动。

如果选择保研这条路。对保研政策的了解是必不可少的。建议大家提前弄清楚几个问题。往年的保研政策是啥？往年每个专业都有多少人？这些专业又分别保了几个？今年政策会不会与往年一样？特别是那些在保研边缘的同学，政策一定要了解清楚。这样可以提前预估自己保上的概率，早点决定是考研还是保研。我大三因为保研政策的原因，复习了一段时间准备考研。那时候一边复习考研，一边准备保研。但这样真的很难，既要学习考研数学英语，还要把这学期专业课弄好，同时还有学生工作要兼顾。

除了考试成绩最重要的就是保研加分项了，建议大家去学院的官网里找去年的加分政策。这个分数（不超过三分）是直接加在你的学习成绩上的。我那时候这一块快加满了，加了好像是 2.75 分。我的加分主要是来自科创比赛和学生干部经历。建议大家多参加科研立项和校外的科研比赛，这些不仅可以获得加分，而且也是夏令营或者九月推免时候和老师的谈资。建议大家自己用心做一些项目，不要水项目，对自己负责一点，收获也会大一些。但是有一点要注意，有一些比赛的获奖证书是不算在加分项里的，所以要弄清楚哪些比赛的成绩可以加分。另外一个是学生干部，这一个我不建议大家把它当作谋取加分的方式。因为这个加分不算多，而且确实很辛苦。我的学生工作做了三年，从大一到大三。到大二的时候我其实也想过不留任了，因为真的是很花时间、很花精力。但是自己还是很舍不得学生工作，所以留下来了。

在保研过程中，夏令营是一个重要的途径，夏令营就是暑假的时候到相关学校参加面试。建议大家选好心仪的学校后，在学校官网（或者学院官网）里找到去年的夏令营通知。然后做两个事：①注意这则通知发的时间，今年的通知也就在这个时间左右发；②通知里一般都有要递交的材料清单。每年基本都一样，提前准备好。建议大家多投学校，这样选择的权利也会更大。这里建议大家抓紧时间过六级，分数越高越好，有些学校的夏令营或者九月推免申请是会要求六级分数达到一定标准的。

关于复试，复试一般都有自我介绍、英语翻译、专业课知识提问，最后老师会针对你的简历问问题，并问你研究生的规划。首先自我介绍网上有很多模板，大同小异，大家可以参考一两份来写。自我介绍我是写了两份的：一份中文的，一份英文的。因为有些学校的面试老师会要求用英文自我介绍（还有些学校会要求你用英语来介绍自己本科学校或者自己的家乡，因此建议大家要提前了解该学校的面试流程，多做一些准备）；其次是面试的英文翻译。一般有段落翻译和专业课词汇的翻译，段落翻译是随机抽签来决定的，一般都是一些专业相关的英文文献。专业课词汇就是基本的专业单词，语句都不难，大家把平时专业英语课上学的用好就够了。然后是专业知识的提问，一般集中在材科基、热处理和材料分析测试方法等基础专业课上。对自己不会的问题就说不会，不要不懂瞎说。我在华南理工面试的时候老师问了几个物理化学的问题，当场就被问懵了，然后就笑着和老师说“这个忘记了”。不过老师们人都很好，会给你表现的机会，问你其他的问题。老师会看着你的成绩单提问，比如这门课你考得很好，说说它讲了哪些方面的内容。所以大家一定要把基础打牢，面试之前，要多看书，建立一个框架。对自己做过的课题一定要清楚，不然老师一问你什么都不知道，就尴尬了。但是华南理工有一点就是老师不会问你做过的课题，我也做了两个专业相关的课题，但是老师一个字都没问过，全程都是在问专业课。

最后给大家一些建议：①面试的时候穿得得体一些，坐要坐直，站要站好。面试的时候，主面试的老师看我穿的短裤（因为广州是真的热，），一上来就问我“你觉得面试的基本礼节是什么？”我马上意识到，是自己穿着的问题了。然后和老师笑着道了个歉，所幸老师也没有再“追究”。②面试时必须要诚实，不知道就是不知道，没做过就是没做过。③老师提问的时候不要打断他，你说话的时候他如果打断你，你应该停下来。

我的导师是我提前了七八个月就联系好了的。这位导师是我本科任课老师佟老师的熟人（有熟人推荐那肯定还是比较稳的）。我是在寒假的时候，在华南理工的材料学院官网看了老师的邮箱直接给老师发的邮件，这个时候老师如果看见邮件一般都是会回复的（放假过年嘛，老师也没啥事）。然后在面试的前一天和老师见了个面，聊了聊天。选择导师的时候要慎重，这是以后要相处三年乃至五年的老师。先看看老师的研究方向是不是自己感兴趣的，然后联系到这位老师的学生来多了解了解老师。有个网站叫作导师评价网，这个网站你可以搜索导师姓名来找你心仪的导师，下面会有他的学生对他的评价，可以作为一定的参考。

希望以上我的经历和经验能够为保研道路上的学弟学妹们提供些许帮助。

**编者评语**

考研和保研是两条不同的道路，在选择之时，应注意实际情况和个人经历，尽早选择与取舍，避免因小失大。正如侯旺文同学所说，在保研这条道路上一定要弄清自己的优势，明白什么是自己的加分项,可以适当地投入精力在竞赛和学生工作之中。另外,无论是大处还是小处,都应该时刻注意自己的表现,努力准备、诚实应答、虚心求教、注重礼貌。每一个机会都是自己把握住的,在机会到来之前,我们应科学严谨认真地面对每一个知识点、每一次实验以及竞赛,切勿自作聪明、糊弄自己。

## 在恰当的时间做正确的事



**个人简介**

付海军,男,材料科学与工程专业,2015 级本科生,高分子与复合材料方向。本科期间获得国家奖学金、国家励志奖学金。曾担任班级科创委员。荣获校优秀学生干部,院三好学生等称号。现保送至南方科技大学化学系硕士研究生,研究方向为高分子物理。

本人将自己的保研经验写作下文,希望能对哈工程材化学院保研的学弟学妹们有所帮助。本文以时间节点划分描述了推免的大概流程。

大三上学期结束:此时大概在 1 月中下旬,经过期末考试后,大家已经有了 5 个学期的成绩,有的学院会据此出示保研的预排名。大家此时可依据前五个学期的年级大表成绩,查看排名与成绩,计算自己的排名,大约估计自己是否有保研资格。对于排名比较靠前的同学可以着手查看自己心仪的学校,并试着联系老师,就近的学校,还可以申请去心仪老师的组里进行实验工作。但是大家如果没有进行这一步骤也没有关系,因为这个阶段找导师的人是很少一部分,大部分人此时心里还没有底,同时也没有十分确定的目标,这时建议大家多去自己心仪的学校的心仪专业网站,去查看老师们的资料,找一找自己感兴趣的方向。如果确定了大概感兴趣的科研方向后,就可以看一些这方面的专业书籍和期刊文章,为后续面试打下基础。

大三下学期期末考前:此时大概在 6 月初期,这时候部分高校就会发布暑期夏令营的一些通知和邀请,这时一定要关注自己想去院校的网站,看看有没有举办夏令营的通知。夏令营对于保研的同学来说,是一条很重要并且相对轻松的途径,录取率大,而且省去自己亲自去找导师的麻烦。所里这里希望学弟学妹们可以多关注学校夏令营的公布,并且夏令营可以多申请几个,降低申请失败的风险。

暑假期间:7 月到 8 月,此时如果参加了夏令营并被预录取,那么可以说是基本成功了,只需等到 9 月份学院推免生名单公布,拿着推免生资格在研招办系统进行保研的正式申报即可。对于没有参加夏令营或者夏令营没有获得预录取允诺的同学可以单方面联系老师,发一发邮件,讲述一下自己的情况,表述一下自己对于这位老师研究方向的理解,表达自己想要得到进一步面谈交流的诉求,同时附上必要的材料,如简历、辅助证明材料等。然后等待老师的回复,如果收到老师同意面谈的回复,定好时间前去面谈、参观实验室即可。如果顺利得到老师的允诺,那么也就基本成功了,这时候老师会告诉你如何去进行下一步的申请。

大四上开学阶段:9 月 10 号左右,此时学校的专业排名正式出台了,获得了推免资格,但是还没有找好导师和确定学校的同学,这时要抓紧时间联系了。此时大部分学校会发布推免生的“第二个战场”——预推免的通知(类似于夏令营的形式,在网上申报,递交材料,通过预审,通知复试,但是和夏令营相比这是一趟不包食宿的旅程,而大部分夏令营是会报销旅费和食宿的),一定关注好自己的心仪院校,及时投递自己的申请。如果要保研本校,相对来说比较简单,老师和学生间都很熟悉,而且就在本校,随时就可以去找老师聊天、规划科研兴趣等等,基本上只要你提出申请,同时老师也有名额,有很大机会成为知名导师的学生。申请外校,在对应高校预推免系统上提交申请后,接下来要做的就是根据院校通知递交各种材料,包括成绩单及教授推荐信等,以及等待复试通知。

大四上 9 月下旬:此时是各大院校保研预推免复试的时间,复试的形式依不同学校的不同专业而定,大部分是只有面试形式,少部分会包括笔试,所以,此时一定要多关注官网信息,提前做好准备。



大四上十一放假前:在国庆之前,已经收到预录取通知的同学,此时在教育部网站上填资料、报志愿。也就是走个流程,当时提交申请,当时就能收到复试通知,点击确认复试,高校会即刻发送拟录取通知,这时如果你点击接受录取,那么你的保研之战就结束了,这时候,稳稳当当地完成大四的课程,修够学分,毕业后就能去心仪大学读研究生了。如果是在这个时间节点上还没有获得录取通知的,也不要灰心,此时可以去捡一捡漏,有的高校此时还有推荐生名额,没有招满,这时你可以通过在教育部网站上申请,然后等待对方发来复试通知,然后在接到复试通知后前往该高校复试,结束面试,然后等待预录取通知就好了,但是一般不建议拖到这么晚申请,因为风险太大,可能会面临空有推免资格而没有接收高校的窘境。

总结:一般来说,推免生接收主要是夏令营(7 ~8 月份),预推免(9 月份)及教育部系统申报(9 月中旬至 10 月)这三个途径,一般来说越早申请越容易得到接收,因为此时名额充足。但是如果出现前期不顺利也不要气馁,及时准备下一个阶段的申请。

我主要通过夏令营的申请,最终确定了接收高校。在大三下学期下半学期,大部分高校开始陆续发布夏令营申请通知,这时候需要按要求提交相应资料,但是偏偏许多专业课考试都在这段时间,所以当时会感觉特别忙,提前做好准备和合适的选课可能是一个好的解决方案。当时申请了四川大学高分子学院、南方科技大学、中科院宁波材料所、上海科技大学、清华大学深研院,除清华大学外,均收到了夏令营邀请邮件,同时由于夏令营时间上的冲突,我参加了四川大学、中科院宁波材料所以及南方科技大学的夏令营。可以说这是三所风格迥异的高校。四川大学高分子学院,归属老牌 985 高校一类,丰富的校友资源,良好的社会知名度及随时间沉淀下来的校园文化底蕴,是其十分具有吸引力的地方。中科院宁波材料所,归属科研院所一类,良好的科研氛围,完备的试验设备和良性的产学研结合模式,是其一大亮点。南方科技大学,归属新型学校一类,接轨国际化的教育模式,良好海外留学背景的指导老师,丰富的国外高校资源,是其驱使我最终选择它的原因。

大家最终选择高校的时候也会面临选择。如何根据自己的实际需要,理性选择对于自己未来发展规划最好的学校,是一个需要思考的问题。所有的经验之谈都因人而异,如何规避盲目跟风,也许值得大家仔细斟酌。

**编者评语**

保研不是一蹴而就的事情，除了优异的成绩及在各个方面锻炼自己的能力外，在申请保研过程中，密切关注各个时间段应该准备及完成的事情也至关重要。付海军同学以大三上学期期末、大三下学期结束前、暑假期间、大四上学期开学初、大四上学期9月下旬、大四上学期十一放假前等时间节点详细介绍了保研的大致流程及每个时间点需要完成的事项，并建议保研尽早准备可降低风险。针对高校选择，付海军同学也讲述了自己的经验：根据自己的实际需要，理性选择最适合自己未来发展的学校。



## 保研是旷日持久的攻坚战

**个人简介**

刘启航，男，材料科学与工程专业，2015级本科生，无机功能材料方向。本科期间获得国家奖学金两次、校级优秀学生一等奖学金四次、黑龙江省第六届大学生化工设计竞赛二等奖、第十一届全国大学生化工设计竞赛东北赛区二等奖；荣获校优秀学生干部、校三好学生、校优秀共青团员以及黑龙江省三好学生等荣誉称号，曾担任院学生会学务部副部长。现保研至同济大学材料科学与工程学院高分子材料系。

保研是一场旷日持久的攻坚战，一旦决定自己想要通过保研进入更理想的学校完成研究生学业，就要着手准备，完善各方面经历，以达到保研要求，并且在联络导师、参加夏令营及复试过程中认真准备积极应对。

1. 保研要求

我虽一开始便打算保研，却没有详细了解保研的各项具体要求，直到大三才发现自己的科研经历一片空白，这才进入实验室学习，以至于保研复试时仍没有一项完整的工作。所以今后拟保研的学弟学妹们一定要了解好要求及自身的欠缺之处，做到有的放矢。

想要获得保研资格，在学习成绩方面自不必说，而且成绩与排名更是众多985高校夏令营筛选入营营员的重要标准，因此大家一定要将功夫花在平时，尽量提高各科分数。鉴于本校的教学安排，学分高的课程主要集中在前三学期，所以前三学期的基础课大家应尽量获得高分，然而在复试中，无论是笔试还是面试，都更注重专业基础课的考察，所以在第四、五学期及复试前的准备中都应将精力集中在相关专业的基础知识中。此外，英语成绩也是很有价值的。英语对我来说，一直是“老大难”，所以在大二低分飘过六级后，我便再也不愿意花费时间刷分四六级了，但是直到保研时，我才意识到英语成绩还是很有分量的，不少学校的复试中都有英语笔试或面试的环节，尽管这些考试难度都不算太大，但若是长期不练习英语，临阵磨枪，效果也不会尽如人意。除了四六级之外，大家还可以考雅思、托福，大部分学校对这些成绩都是认可的。在英语面试的环节，面对老师提出的问题，能用一口流利的英语回答还是很加分的。

除了学习成绩外，科创和比赛经历也是简历中区分你和别人的亮点。尤其是以后想要从事学术方面工作的，尽早加入实验室学习，等到保研时能有具体的成果甚至是发表论文，这将是极大的加分项。当然也不一定要求有科研经历，我身边也有没有科创经历的同学成功推免的（该同学专业排名前2%），所以这些经历也不一定是必需的，但是应尽你所能，能全面发展当然更好。

2. 导师联络

我个人认为目标导师的选择比目标高校更重要，所以我提前在网上收集了我有意向的老师的信息，要注意可能我们想选的研究方向的老师不一定只在对应的院系有，我在后期才意识到这一问题，以至于错过了不少信息，比如化工系也可能有研究材料方向的老师，大家不必只拘泥于材料科学与工程学院寻找导师。我主要通过老师的课题组网站了解老师的研究方向和成果，若老师的简介中没有涉及学术信息，可以到 X mol 咨询平台的海内外导师中搜索导师姓名，一般都能找到老师的已发表论文。了解这些信息可以为在日后与老师的电邮、面谈交流做好准备。此外，也可以在小木虫等交流网站上了解老师，但是要注意甄别信息真伪。此外，要多利用人际关系了解老师，例如本校往届的学长学姐或者自己之前在该校的同学等，他们往往能为你带来最直观、真实的感受。



保研要注意时间节点，联系老师要趁早，且好学校的大牛导师更应提前一些，但是导师的回复一般分四种：直接拒绝、官方回复如“欢迎报考”等、肯定回复或不回复等。直接拒绝和超过两周不回复的可以不抱希望，若有同一学校的其他意向导师此时可以再联系；官方回复的为大多数，这种情况下可以尽量为自己争取一个面谈的机会，增加相互了解的机会，表达自己的诚意；直接肯定回复的老师极少，一般是在导师权力极大的学校才有可能，例如我在联系华中科技大学材料学院的一位老师时，老师就很爽快地答应给了直博名额，尽管我之后表示无法参加华科夏令营（华科夏令营较早，与本校期末考试冲突），老师还是答应将名额保留至9月推免。华科材料学院的夏令营也是学生各自到老师的课题组面试，而不是学院统一组织面试，所以基本上老师有直接决定权。此时若是这位老师恰好是你的梦想导师，恭喜你，你的保研之旅便可以提前结束啦！

3. 夏令营复试

复试集中在夏令营和9月推免期间，由于我没有参加9月推免，所以这里主要介绍自己在夏令营复试的情况。学校会在夏令营入营通知中告知选拔考试的形式，包括是否含笔试、英语面试，具体时长等。接到入营通知后就可以准备复试了，一般复试形式变更不会太大，有的甚至题目都不会变化，所以若有学长学姐曾参加过该校夏令营将对你起到很大的助益。

同济大学的夏令营复试既有笔试又有面试，但笔试并没有标注具体范围，所以我在复习时主要还是将精力放在了材料科学基础和材料测试方法上，这两门课无论是在面试还是笔试中都是大概率被问到的课程，直到夏令营正式开营的第一天我才从其他参营同学那里了解到不同方向的考试书目，由此也可以看出保研中信息交流的重要性。

夏令营不像9月推免那么简洁直接，除了复试之外，夏令营期间还会开办讲座，提供营员了解学院整体情况和参观各个实验室的机会。在这些前期活动中可以多了解一些感兴趣的方向，多跟一些老师交流，给他们留下一些印象，也可以提前约见之前联系好的老师，跟老师交流一下，去该导师的课题组与在读的师兄师姐交流，听听师兄师姐们的建议，运气好的话还有可能提前得知复试问题呢。

同济的笔试于夏令营开营后第二天晚上举行，包括外语考试和专业知识考核，由于同济材料科学与工程专业课所用参考书与本校不是同一版本，有些专业名词的叫法不太一样，所以我考得并不是特别理想。但是在整个复试中，面试分数占的分数比例更大，所以面试相对来说是更重要的，有些学校更是只有面试。

在面试中要注意以下几点：首先，要有礼貌，进入面试房间后应先向面试考官问好，发放个人简历；回答问题是应面带微笑，看着对方的眼睛，让老师感觉到你与他的交流互动，而不是老师单方面的提问，最后结束时向各位老师道一声谢谢并轻轻带上门，这些小细节也要做好。其次，态度要诚恳，一定不能不懂装懂，遇到老师提出不清楚的问题，可以先直说自己不太清楚，再尝试用已有知识解答，若不懂装懂，老师一旦顺着问题问下去就会露馅，老师也会觉得你不诚实。最后，要学会引导老师提问，将老师的注意力转移到你熟悉的领域内，例如在介绍自己的科创经历时，着重介绍自己作为核心参与的项目，按照在该项目中你遇到了什么问题、你采取了什么方法手段解决了这个问题、最终达到了什么效果（最好通过实际数据说明）的顺序阐述，这样逻辑清晰，也能将老师带入这个你很熟悉的问题中。面试的老师都是很和蔼亲切的，不用紧张，如果遇到老师揪住一个问题不放，使劲挤对你，也不要慌张，这种情况可能是老师想考验我们的临场反应能力和抗打击能力，保持冷静，沉着应对即可。



英语面试的形式多种多样，各个学校的形式不尽相同，有的可能是朗读加翻译，有的是英文自我介绍，同济大学的则是老师用英文提出一到两个问题，然后学生用英文回答，问题都很简单，但我建议还是要事先做好准备，写好底稿，以免在高度紧张时大脑突然短路，导致回答得磕磕绊绊。

最后，总结一下，保研是实力和勇气的考验，既不能妄自尊大也不能妄自菲薄，要勇于尝试，在一场场面试中积累经验，在保研途中遇到的种种困难，所有的斜风冷雨都会变成成功后的暖阳，在此预祝各位学弟学妹顺利进入理想院校、保研成功！

**编者评语**

保研是一场攻坚战，想要获得保研资格，需要成绩优异并在各方面达到要求。刘启航同学以自己科创比赛及英语学习的短板经历，告诉学弟学妹们想要达到保研要求，要从各方面完善自己的经历。针对如何收集有意向导师的信息（研究方向、代表论文等学术信息），如何联系心仪导师及准确看待导师回复，刘启航提供了具体的建议。他以自己参加同济大学的夏令营和复试的亲身经历为例，讲述了如何准备复试、笔试及沉着应对面试需注意的问题。保研是实力和勇气的考验，各方面收集所需的信息，才可以有的放矢。

## 凡事宜早不宜迟

**个人简介**

陆晨丽，女，材料科学与工程专业，2015 级本科生，高分子与复合材料方向。本科期间学习成绩专业排名第一,曾获七次校优秀学生一等奖学金。现保送至中国科学院宁波材料技术与工程研究所材料物理与化学专业。

从大学刚入学开始,就需要明确自己想要的是什么,道路有很多,自己想走哪条路,就为自己的目标付出相应的努力。想毕业就找工作的同学,在大学中,保证自己成绩的同时,尽可能多参加社会活动,自己找资源去锻炼自己的综合能力,为毕业后的工作做好铺垫;想保研的同学,那自然是要把中心放在学习上,如果有同学以后想个性化保研,那从大一开始就要积极参加科研竞赛,把重心放在科研这里;想考研的同学的,可以利用大学前两年的时间了解一下自己想要报考的院校,并参加一些社团活动,丰富自己的业余生活,在大三这一学期,全身心地投入到考研复习中。



本人根据自己的保研经历为学弟学妹们总结了参加夏令营和取得保研资格后应该进行的材料准备工作。

1. 参加夏令营

(1)参加夏令营前的准备(2 ~6 月份)

①丰富简历:有了保研想法后,我理清了自己两年半的经历,按照竞赛、科研、学生工作、社团经历、实习经历等方面列出。保研对于学术活动参考多,没有实习的同学不必担心。通常,在这个时间点,我们能丰富的主要是竞赛和科研,因此,同学们可以趁这个时间丰富一下自己的科研经历。

②确定专业:你需要问一下自己是否要坚持本专业,还是跨专业,那么这又回到你的职业与人生规划上面了。我个人挺喜欢高分子与复合材料这个专业,因而我保研还是选择本专业。如果你打算跨专业,那需要做更多的准备,学习更多的相关知识。

③选择喜欢的学校:我个人认为选择学校的主要因素有三个,即学校知名度、城市、个人因素(比如离家近等)。综合考虑这三个因素后,选择自己心仪的院校进行准备。

④关注夏令营招生公告:各个学校的夏令营招生公告集中在 4 月份、5 月份,但是我听闻经济、金融专业的有些会比较早,所以还是要多多关注。具体渠道主要有学校研究生招生网、学院官网、微信公众号、本校老师、学长学姐等的信息。

⑤准备及寄送材料:参考我自己的意愿,选择了宁波材料所、东南大学的夏令营。根据公告要求准备你所需的材料,我申请的两个夏令营都需要写申请理由,所以如果可能的话,这个要尽早准备,会有些许加分。另外,像一些排名证明等需要盖章,也需勤于跑跑学院教务办,关于材料不懂的,及时询问相关人员,在规定时间内寄出。

⑥选择夏令营:采取海投的同学可能会收到很多学校的参营通知,需要根据你的想法和夏令营的时间进行取舍和协调,如果不去一定要及时告诉负责的老师,以免对别人的工作造成困扰,也影响本校本学院的形象。切忌盲目跟风,一定要遵从内心的意愿。如果没有收到参营通知,暑假好好准备,走九月推免。

(2)面试经历

①抽空复习一下基础知识:夏令营的面试不像考研的面试,老师提的问题范围会比较广,所以需要先复习一下自己大学期间所学的专业知识。

②关注热点:本专业领域的一些热点问题需要关注一下,在面试过程中老师可能会问到。

③英语及英语口语：英语是面试中必不可少的一环，英语好的同学，可以用英语介绍自己，用英语讲PPT，这样会很加分。英语不够好的同学也不用紧张，面对英文面试时，听不懂就问，不要害怕，自信一点，能说到什么程度就是什么程度了，不必难过，如果英文面试在前，尽量不要影响后续面试。

④尽量参加夏令营：应该说夏令营是性价比最高的，一般学校会提供食宿及报销车费，在这个过程中可以结交很多好友，还可以充分了解这个学校，更可以早一步拿到offer，省去很多麻烦。所以我很推荐参加夏令营，一定要随时关注夏令营动态。

(3)导师选择

导师的选择很早就可以开始了。在参加夏令营之前，就可以开始了解心仪学校的老师，挑选自己向往的导师，可以向老师发推荐信，让老师更早地认识自己。如果老师被你吸引，那你成功的概率会大幅上升。



2. 提交保研材料

(1)参考以往保研要求：比如成绩要求50%以内、英语成绩的要求等。这一个步骤可以在你想保研的时候就参考对照，在剩下的时间抓紧达到，比如过了六级。

(2)注意提交材料的时间：根据要求提交材料，一般准备时间很短，一定要抓紧时间，好好准备，该拍的照片要早点准备，成绩单要尽早去打印。

(3)学信网填报信息和志愿：这个每年会出时间安排的，及时关注动态，按时间填写，这一环节挺简单的，不必操心，只要你有offer就行。

(4)关于名额：我们学校是专业人数的15%，比如2018年我们方向有60多人，所以保研名额有8~9个，具体名额根据当年的情况，可以事先询问老师。只要你符合基本要求都可以申请，觉得自己有希望保研的，一定要提交申请。

3. 分享感想

(1)一定要知道自己想要什么

自己以后想要什么样的生活、想干什么、想达到什么样的高度，这是应该最先考虑的事，也是最重要的事。知道了自己想要什么，才能根据自己的目标，安排自己的生活，付出相应的努力。

(2)要学会享受的生活

如果有人问我回想过去这四年的大学时光后悔吗，我只能说遗憾是有的，但是不算后悔。虽然我没有从一开始就很自律，就很有目标，但是这种认清自我的过程是我喜欢的。虽然有时候我看起来很无所谓，但是我心里也会不断思索我存在的意义、我想要的东西。虽然我不是大学霸，没有学富五车，看起来一点也不像会学习的样子，但是我的生活也很多彩。大学不像以前，只有学习，除学习之外，还有很多我们需要学习的东西。

(3)一切都不会太晚，但不要忘了你自己真正想要的

如果有同学在大一的时候荒废了一年，大二的时候想好好学习、想保研，不用觉得已经为时太晚，机会永远是有的，大一的科目可以通过刷分来提高成绩，并在大二大三好好学习，保证自己的成绩，保研的机会永远会留给努力的人。当你想做了，就去做，年轻人，失败一点都不可怕，只需要牢牢记住自己想要的是什么，朝着自己的目标大步向前。

**编者评语**

明确自己想要什么,并朝着自己的目标勇敢追求、不懈努力。陆晨丽同学在自己喜欢的高分子与复合材料专业专注学习并取得优异成绩,在保研过程中积极参加夏令营、认真准备申请材料,最终成功保研。认真的人做任何事都是一丝不苟,对于参加夏令营,从关注夏令营通知、提交申请材料到应对面试,每一个环节,陆晨丽同学都有自己清晰的目标并做了充分的准备工作,如此才能在每一项考核中应对自如,取得理想的成绩。凡事宜早不宜迟,为即将发生的事早做准备,不管是保研还是任何工作。



## 2.1.3　个性化保研篇

### 天道酬勤

**个人简介**

姚港,男,材料科学与工程专业,2015 级本科毕业生,金属材料及表面改性方向。本科期间获得 2018 年东北三省数学建模联赛一等奖,第十一届"挑战杯"黑龙江省大学生创业大赛银奖,第四届中国"互联网+"大学生创新创业大赛黑龙江赛区二等奖,第六届全国"TRIZ"杯大学生创新方法大赛全国三等奖三项,第五届中国大学生高分子材料创新创业大赛全国二等奖,第十一届全国大学生节能减排社会实践与科技竞赛全国二等奖(五作),第 7 届"启航杯"三等奖,第 9 届"启航杯"二等奖,第 22 届"五四杯"一等奖,第 23 届"五四杯"二等奖。校优秀学生三等奖学金两次、校优秀共青团干部、校学生科技协会优秀干事、校学生科技协会优秀副部长、科研立项、国家级科研立项一项、省级科研立项三项、校级科研立项六项,2018 青少年科学营总结会优秀志愿者。曾担任校科协副主席、班级科创委员、校团委科技创新中心学生助管。现保研至西北工业大学材料学专业,主攻计算材料学。

本人姚港,保送院校是西北工业大学(简称西工大),属于 985、211、双一流高校,地处西安,材料学在双一流评比中评分 A,属于我国材料专业教育方面位居前列的高校。

我申请的是我校的个性化保研方向,可以跟大家普及一下我校的保研政策是非常多的,在全国来说,是非常支持学生多元化发展的好学校之一。我校的保研政策,我所熟知的有 6 种:一是学优保研,这是全国非常普遍的保研方式,主要看前三个学年的学习成绩,按高低顺序评比保研资格,在我校,为支持学生多元化发展,学优保研评比细则中,评比的总成绩是三年总学习平均成绩(取加权平均数)+额外 3 分附加分,这 3 分是直接加到学习成绩总成绩上的,3 分分别由学生工作任职、社会实践(志愿者)、参加创新创业比赛获奖来获得,这 3 分更具体的细则就按当年的规则来。二是个性化保研,这就是我走的路,也就是我们口中说的科创保研,根据专门的分值对应表,将大家的创新创业比赛获奖换成相应分值,按高低排序,这条路会有保研答辩,所以个人成绩、发表论文专利数都会在保研答辩里面有比较,但是着重考察创新创业竞赛获奖分值,这是在学院内选,每个学院有固定的分配名额。三是支教保研,这个对于学习要求一般是75分以上就行,不能有多门大挂,然后去新疆、吉林(选上后分配)支教一年,就可以获得本校的保研资格,这里是可以任意选专业的。四是国家战略人才发展保研,这是只能保本校的路!要求也是比学习成绩,但是只是在报名该保研方法的人里选,所以对于想留校的人,可以多注意该方法,这个不需要做其他的,只需要提前找好导师就可以。五是2+2保研,这个方法对学习成绩要求就是75分以上,然后大四毕业,在学校工作两年,然后保研在本校读硕士,这时可以自由选专业,也是只能本校。六是国防生保研,该方法与我们没有联系。

综上所述,我校的保研政策是多元的,对学生很友好,我校保研率达到了16%左右,所以我们都有机会,只要肯努力,我建议是大家最好走学优保研路,因为这是让你能通过进夏令营、很好参加复试、容易选导师的一条路,主要是成绩好,底气足,所以大家一定要从大一开始就要好好学习,不要荒废学业。但我走的是第二条路,很艰辛,不过也很有体会,下面即是我的经历。



我的历程主要从大三下开始,大三之前,都是小打小闹地做了一些比赛,并没有真的沉下心来,到了大三上就开始好好思考自己未来的路了,寒假更是想了很久,最终决定走个性化保研这条路(这个时候我只有7分!就是一个二类赛的四作,具体分值对应大家可以去启航网查询了解)在这里是多谢学长学姐的劝解,也希望你们在大学想不明白的时候多和老师、学长学姐聊天,没准就能找准方向了。既然决定走这个方向了,就需要开始好好准备了,学校支持什么比赛大家可以去启航网查一查竞赛库,竞赛库里的比赛大多都是在下半年举办的,所以我在大三下正好来得及为自己打拼。创新创业比赛很多,需要选择适合自己的,依自己能力做事,怎么去了解这些比赛,那就需要刚刚说的多和学长学姐交流(这个在大学真的很重要),我当时就是根据学长学姐的建议,选了6个比赛,分别是TRIZ杯、东三省数学建模、结构设计大赛、海洋航行器大赛、节能减排、互联网+。这六个比赛都是非常常见、经常听说到的比赛,也很有分量,难度逐渐递增,保研评比中,在最后的时候只需要写5个比赛获奖,选6个是为了广撒网。目标比赛选定后,我就开始为这些比赛准备,首先就是TRIZ杯,这是一个二类赛,在2018年4月份,我自学的TRIZ理论,为四个项目撰写比赛申报书,也是很拼,最后其中三个项目获得了全国三等奖,最赋予厚望的一个项目反而失败了,这种情况很常见,后续会失败很多次,打比赛就是这样的,充满了意外与不确定性。不过TRIZ杯给了我很大的基础,这个时候我的分就有27分了,至少有资格继续争取。

接下来就是东三省数学建模,这个也是二类赛,在5月份,这个我也是自学的数学建模,这个比赛有一个月的准备时间,但是我们只花了2天左右的时间加一个通宵(很忙、很多事儿),最后我们获得了省一等奖,这也侧面说明了这个比赛是相对比较容易的,因为这个奖,我的科创分暴涨。同样在这个月我的结构设计大赛也失败了,因为实在没学会,这是属于二系最牛的比赛。

接下来是互联网+,这是创业比赛,为了这个比赛我们学习了很多很久,都是关于创业知识的,将我们做的泡沫材料(这个泡沫材料项目是我们团队在大二进实验室跟着老师做的项目)开发成一个创业项目,付出就有回报,这个项目使我们在互联网+、创青春两个创业比赛中获得了省二等奖。

接下来,后面两个比赛也都失败了,参加海洋航行器设计的船到赛场上漏了,节能减排没通过校赛,所以有喜有悲。但是我最后的科创分已经到了 50 +,在材化学院历来科创保研中已经属于合格分数了。在 2018 年更是由于走个性化保研的人少,导致我的分数已经名列前茅,但是我的成绩很低,这是让我感到很难受的一件事,所以,我在参加答辩的时候也是一直处于忐忑的状态,不过,好在有惊无险,顺利地拿到了保研资格。

按理说,拿到保研资格是 2018 年 9 月中旬,我们应该在 9 月中旬之前就通过联系老师、参加夏令营等找到下家学校。但就是因为我的学习成绩不够,所以没法参加各大高校的夏令营,只有单一地找导师,也是因为学习成绩不够,导致老师们大多回复的都是官方客套话,而且我自身也不太确定保研资格,所以直到保研资格取得前我一直没有找到下家学校,不过我内心早有一杆秤。



哈尔滨工程大学是一所非常好的大学,但是就是离我家太远,我老家在四川,地处西南,所以对于哈尔滨的地理位置一直不满意,于是我选学校地理位置是我考虑的第一道要素,首先要离家近,能是大城市就去大城市;第二要素就是选的高校材料专业方面要好。于是,我就根据前不久的双一流评比结果挨个比对,材料专业 A + 类三个学校,A 类几个学校,A - 类几个学校,列到一张纸上,然后根据自己的能力水平选择,再看地域,最后选择的第一志愿就是西北工业大学,评比结果 A 类,地处西安,离我家就 2 小时;第二志愿就是哈尔滨工业大学,老牌强校,C9 之一,评比结果 A 类,地处哈尔滨,对哈尔滨工程大学学生非常友好;第三志愿就是北京科技大学的新金属国家重点实验室,评分 A +,地处北京,但是只是 211 大学;第四志愿是武汉理工大学,地处武汉,离家近,211 大学,材料评分 A;第五志愿其实我都没想了,因为我直接把武汉理工大学当成垫底志愿,就是感觉一定能上的学校(真佩服自己的自信),选学校最重要的就是根据自己能力选,不能盲目自信,选择适合自己的才是最好的。

四个学校选好后,这四个学校我都为之准备了很多,因为成绩原因我就只有通过联系老师这一条路,我就不断给老师发邮件、发简历 + 自我简介。总的来说,每个人的说话方式不一样,但是一定要有礼貌,联系老师一定要早点开始,最好能在暑假 8 月就开始,因为这个时候联系到老师了,如果老师有意愿,你可以直接去学校找老师当面聊,这有助于你提前很久就能成功保研,早点联系也会多一种选择。我就属于联系的晚了,但是四个学校我还是分别联系了两个老师及以上,均有不错的答复。

对于复试一块,我正式参加了哈工大的复试,西工大的复试就是已经跟老师谈妥了,所以复试不严(我也就去了这两个学校的面试,后面两个志愿学校就没有去了,因为成功去了第一志愿学校),复试需要好好准备一份英文口语自我简介,问答环节谈吐真诚,会就是会,不会就是不会,不要钻牛角尖或者投机取巧,老师们都更喜欢踏实的学生。对于专业课方面,多抱着材料科学基础看一看,因为我是金属材料方向,所以我还侧重看了材料热处理。总的来说,各个学校对于保研生都还挺友好,取得了保研资格很容易有书读的,各位不要有太大压力。

总的来说,天道酬勤,有付出就会有收获,只要努力,肯定是能获得好的结果,祝各位都能保研成功!

**编者评语**

姚港同学详细介绍了学校的保研政策,尤其是个性化保研中的获奖数目、获奖等级、竞赛的专业相关性等要求，建议尽早全面地了解这些内容，尽早明确目标、制订规划。科创比赛不仅是个性化保研的重要参考，也在参与过程中将实践与理论结合，提高对课本知识的理解和掌握，提高实验操作技能，同时加强与人合作的意识和能力。如果你想去做一件事，不用觉得为时已晚，机会永远是有的，对于保研也是如此，明确自己想要什么，不怕辛苦，不惧挫败，朝着自己的目标大步向前。

## 幸运的不是结果而是努力



### 个人简介

王丹，女，材料科学与工程专业，2015 级本科生，高分子与复合材料方向。曾获得校启航杯一等奖、校五四杯创业金奖、第五届全国大学生高分子材料创新创业大赛二等奖、第十一届“挑战杯”黑龙江省大学生创业大赛二等奖、2018 年中国大学生热处理知识与技能大赛二等奖、第四届中国“互联网 + ”大学生创新创业大赛省赛二等奖、国际化学化工创新创业大赛三等奖，荣获校优秀共青团员、校优秀共青团干部、“三井杯”全国大学生化工设计大赛东北赛区优秀志愿者等荣誉称号。曾担任班级团支书和学院团委组织部部长。现保送至哈尔滨工业大学航天学院材料科学与工程专业。

2018 年 9 月我获得了学校个性化推荐免试攻读硕士学位研究生的资格，通过面试被哈尔滨工业大学航天学院复合材料研究所录取。

以下是我关于个性化保研及大学四年生活的一些经验，谨供大家参考。

1. 学习经验

大一刚入学的时候，辅导员和班主任就强调过很多次，学生最主要的就是学习，大学生也是一样。虽然个性化保研主要看的是竞赛分数，但是学习成绩还是非常重要的。首先，申请个性化推免的同学必修课综合平均成绩必须在 65 分以上，并且没有未通过的课程。其次，在答辩及专家投票时，成绩高可能会成为优势。

学习方法我认为最重要的是做好笔记、及时复习、重点复习。在大学课堂上老师讲的知识会很多，讲解的速度也会很快，有些在课堂上不能及时消化的知识，需要我们在课下认真思考，借助图书馆、网络等充分了解知识。对于大学的考试，老师一般会给出教学课程的重点难点，针对这部分知识，我们可以重点复习。对于比较困难的知识点，也需要和同学交流，或者请教老师，不要吝啬于向老师开口。如果可以，尽量了解每门课程的特点，根据不同的特点，选择不同的学习方式和复习方法。

2. 科创活动

大学生科创活动是大学生活重要的一部分，既是大学学分的一个要求，也是丰富大学课外生活的一种途径。

学校提供给本科生的课外科创活动的形式和机会都很多，大一大二的时候可以参加校启航杯、五四杯和学院举办的一些科创活动，之后可以参与一些科研立项，然后可以参加一些科创竞赛活动，比如“挑战杯”全国大学生科创竞赛、全国大学生创新创业训练计划等。除此之外，可以主动联系专业老师，征得同意，便可进入实验室进行科研活动。

参加科创活动的意义在于，能弥补课内书本知识学习的空泛，将实践与理论结合，提高对课本知识的理解和掌握。同时提高实验操作技能，不论是否有科研成果，都会对以后读研、就业有不小的帮助。

对于有打算获得个性化推免资格的同学来说，我认为最应该有的一个意识是提前了解学校及学院个性化保研的相关政策。之前提到的成绩要求是一项，另外还有获奖数目、获奖等级、竞赛的专业相关性等要求，需要大家去认真分析。这些政策可以通过查找往年的通知、与学长学姐交流、询问辅导员等途径进行了解。尽早尽全面地了解这些内容，能尽早明确目标、制订规划，能少走很多弯路，有更多可以把握的机会。



3. 保研经历

第四学期结束后，我发现自己的学习成绩在 80 分左右，基本没希望学优保研。所以我联系了一位学姐，了解了一些关于考研的信息，也开始找考研的学习资料，当时是抱着考研的念头的。这个时候，虽然我已经开始参加科创竞赛，但那个时候并没有个性化保研的打算，只是不想给大学留下遗憾，我想要把自己已参加但还未完成的竞赛认真完成好。直到 2018 年 7 月份之前，我一直是打算考研的。之后发现我的科创奖项还算可以，才打算申请个性化保研试一试。

保研结果公布的时候是 2018 年 9 月末，我在 8 月的时候才打算试一试，这个时候很多学校的夏令营已经结束了，这在我看来还是非常可惜的，最终是参加了 9 月份的预招生。

在面试之前，需要做一份简历，准备好自己的成绩单、获奖证书的原件或复印件并排放好。此外，需要想一想自己的专业课知识，了解一些相关领域最新的动态或热点问题。面试的时候，先是用英语进行自我介绍，之后老师会问一些问题。老师问我的问题主要是竞赛及立项的相关问题。

保研结果公布之后我开始联系研究生阶段的导师，因为当时已经确定了要去的学校和学院，所以联系导师的时候我只联系一位导师。我认为联系导师的时候有条件的情况下最好能和导师当面谈一谈，便于相互了解。见导师之前，先对导师的研究方向有所了解。和导师见面聊天的时候，应该谦虚、真诚、礼貌，也要展示出自己自信、积极、乐观的一面，让导师能看到自己的优点。这是导师与学生互选的一个过程，可以对导师提一些问题，例如目前的研究方向、课题组的人员组成等。

以上是我的一些经验之谈，希望能对大家有所帮助。

认真回想大学四年的生活，会发现，你的每一个努力，都有可能带给你无数幸运。努力学习，会有优秀的成绩，会有丰富的知识，会有夯实的基础；参加学生工作或社团活动，能认识志同道合的伙伴，能发展自己的兴趣爱好；开展实践活动，能增强社会责任感，能锻炼沟通能力和生活技能。

**编者评语**

做好自己想做的、自己能做的、自己应该做的每一件事，每一天都有收获，都会精彩。幸运的不是你的获得，是你的每一次努力。王丹同学总结了在大学期间做好笔记、及时复习、重点复习的学习方法，建议通过查找往年的通知、与学长学姐交流、询问辅导员等途径，尽早尽全面地了解个性化保研相关政策，尽早明确目标、制订规划，少走很多弯路，获得更多可以把握的机会。在参与科创比赛过程中积极认真，不仅可以获得优异的成绩，也能从各方面锻炼自己的能力。

## 2.2　考研故事篇



### 2.2.1　初试准备篇

### 写给已经没有什么可以失去的你

**个人简介**

陈俊男，男，化学工程与工艺专业，2015 级本科生。参加 2019 年考研，总成绩 409 分，其中英语一 73 分、政治 70 分、数学二 130 分、化工原理 136 分，初试排名第二，总分第一，现已被中山大学化学工程与技术学院拟录取。

我是陈俊男，2019 年考研到现在已经尘埃落定，我也幸运地以总分第一名的成绩被中山大学化学工程与技术学院录取。想给正在奋斗的师弟师妹们一句话，也是我考研路上尊敬的一位老师的名言：人生就是用 99% 的时间去彷徨，剩下 1% 来做出改变！

2019 年 2 月 15 日，考研初试成绩公布当天，我起个大早，随后便坐在电脑面前，寝食难安。随着中午 12 点成绩公布，我长舒一口气，一直悬着的心总算放下，自己的努力有了回报。我的初试总成绩是 409，英语一 73、政治 70、数学二 130、化工原理 136，初试排名第二，甚至可以说这成绩略微有些超出我的预料。

为什么这么说呢?

首先，根据我现在残存的，已有些许模糊的那两天的记忆来看，我在考场上的感觉就不太好。政治打开卷子一看大题，老师原题只押中四道（总共五道大题），我开始有点慌了；然后，基本每个政治辅导老师都说“港珠澳大桥必考”，出题老头们说：我就不考！ 英语变化不太大，但我真心建议师弟师妹们在保证准确率的基础上尽量加快速度，我完形填空中间有大概七八个空全选 B。最让我心态炸裂的就是数学了，虽然都说数学二简单，但是那种你明明知道怎么做但是就是算不出答案的感觉真的很难受。考完数学出来之后，我发了一条朋友圈：他们笑得好开心啊。还好我中午吃饭的时候及时调整心态，下午也算是顺利完成了专业课的考试。

其次，不同于你们看到的其他的高分学长，我考完出来是完全没有对答案的，以至于我后来都不知道自己大概是个什么分段，估分都没得估。关于对答案这个事，决定权在自己，我没办法给你们建议。

现在来说说是怎么复习的吧。首先声明,这只是我个人的复习经历,如果你有适合自己的方法,可不必参考我的。

对于英语这一学科来说,前期英语就一件事:单词!单词!单词!3 ~6 月是考研英语的基础期,这段时间也是你词汇量爆炸增长的阶段。我不推荐你们花里胡哨买好几本单词书,只需要一本就够了,精读一本胜于泛读十本。每一天我在图书馆拿着手机查单词加上背都要最起码花一个半小时到两个小时,这是必须花的时间!坚持下去,后面单词就会越过越快,还有就是手机上可以下载 App(软件)记单词,本人觉得那只是一个辅助性的东西,在买饭、等车或者下课时看的,不能成为主要的。与此同时,长难句也要跟上了,只要学懂了长难句,做阅读才能得心应手,考研英语里有这么一句真理:得阅读者得天下。7 月可以开始做真题,好的句子可以拿笔记下来,作文可以派上用场,培养语感。作文考前 100 天可以报一个救命班,再加上你前期积累的阅读里面的素材,足够了。

对于政治来说,暑假开始准备,政治的核心在于选择题,前期一定要多做选择题,这样到后期做题的时候你就会发现自己的准确率还不错,大题后面各大机构都会出来好多预测题,预测内容大同小异,最多买个两本,相互借鉴,多背诵多熟悉。

我考的是数学二,数学二只考高数还有线性代数(简称现代),但其实数学二的高数部分比数学一的高数考的深,它的计算量在三门数学中可以说是最大的。复习初期的 3 ~6 月份重点是把计算能力练起来,同济课本快速过一遍就行了,不用去过分深究死抠定理证明,考试绝不会这么出:来同学,把泰勒公式背一下,把罗尔定理证一下。课后题不要觉得简单就不去做,有些题还是有点难度的。我大概是 3 月份就快速把同济 7 版看完了,4 月在做高等数学超解读的同时,重点练习求极限、求导、求不定积分"三大计算",6 月份开始看线性代数超解读搭配网课,这时候可能应届生在学校还会有期末考试。这段时间考研上面的时间可以适当减少,但是千万别断掉,每天保证 3 小时左右的时间即可。对了,还要准备笔记本,随时记下好的题目、好的思路,数学就是熬出来的!数学会花费很多时间,但是考完后,你会发现是值得的。7 月暑假开始做考研数学 986 题,上面的题大多是常规题,当然也有一些有难度的题,也是很虐心的,难度跌宕起伏的,符合考研特点。秋季开始就是真题了。这可得好好做了。考研数学从 1987 年开始算起,到现在总共 30 年,1987 ~2007 的题年代比较久远,可以按照专题来做;2008 ~2019 的题更符合现在考研数学的出题规律,建议按套题做,做的时候严格掐表!

化工原理:这门课是暑假才开始的。学习这门课的时候我强烈建议找到一位目标学校目标专业的师兄师姐带着你学,效率会高很多!暑假我的一天是这样安排的,上午数学、下午英语政治、晚上专业课,专业课第一遍是过课本,我用的是中大自己出的书,快速过一遍即可。把重点做好笔记,重点公式要会推导,书中还有一些编写错误,最好在第一遍的时候拿一本其他版本的化工原理书对照看。第二遍准备本子总结公式记下,把课后题、例题做一遍,你会发现书上的题会在真题中有所体现,这个过程也是很虐心的,因为也有好多错的。第三遍那就是真题了,结合优秀的答案,多搞几遍,你会发现其实化工原理就那几个考的点,熟悉了自然就会了。其间可以做做其他题也是不错的,时间不够的话就做真题,我就是这样。历年考题之间还是很多重复的,不要担心,功用到了,自然会来。

关于复试的问题,中山大学的复试比重是,笔试 20%、面试 40%、英语 20%,所以大家准备复试时要有侧重点(要是刚刚过线,这可都要加油啦,录取名单中你会看到有逆袭的)。工科化学笔试虽然简单，但是2019年笔试出题跟往年有较大差别，再加上2019年最后一道题还是化工热力学的题目，有时候碰到题就是写写公式，计算器都没有按，考场上按计算器就没有那么溜了，时间不够了，这点值得借鉴。工科化学这门课值得2020年考研的师弟师妹们多多关注，因为不知道2020年还会有什么新变化。

好了，说了这么多，也该停笔了，打了一下午的字到现在总算是打完了。我也是从考研走过来的，希望我的一些文字能够给大家提供有益的信息，初心是让大家能够考取自己心仪得学校，圆自己的梦想，我也是功德一件！



**编者评语**

功用到了，自然会来。陈俊男同学在考研初试的成绩十分优秀，足以见得在初试复习准备阶段下了很大功夫。每个人都会遇到彷徨的时候，但彷徨中是需要改变的，有可能彷徨的时刻占据了大多数时间，但只要去改变，那将是质的飞跃。彷徨并不可怕，可怕的是一直处于彷徨而不改变。考研就是贵在坚持，有志者，事竟成，每个人都有自己的一套学习方法，都有自己所信赖的老师，但不论如何，只要你能一条路坚持下去，都会有所收获，惊喜这种东西从来都不会吝啬给努力的人！

## 选择了远方，便不顾风雨兼程

**个人简介**

刘娜，女，材料科学与工程专业，2015级本科生。参加2019年考研，考研成绩为总分358分，政治65分、英语一68分、数学二89分，专业课136分，现已被西安交通大学材料学院学硕录取。

我是从2018年4月份准备考研的，前期主要是准备数学和英语，数学先看了高数部分。我一般是先看一遍视频，再仔细看一遍书。大三下学期课比较多，再加上前期态度轻慢，所以到6月底的时候连高数部分第一遍都没看完。7月初去实习，实习期间复习中断。实习结束后我花了一个星期把之前看过的几章高数又复习了一遍。之后在8月初的时候过完了高数部分第一轮。因为高数基础不好，所以我没有立刻开始线代第一轮复习，而是找了高数强化课视频和配套讲义，过了一遍视频，又认真过了两遍强化讲义，把一些容易混淆和出错的地方整理了笔记。9月份开学，数学方面开始进行线代第一轮复习，同时开始高数习题。线代边看视频再仔仔细细看书，做书上的例题。这样花了两个多礼拜过完了线代一轮，线代涉及的公式和定理太多，第一遍过完只是理解了定理，但完全没有梳理出自己的知识框架和常规题型的解题思路。所以我立马又把辅导讲义过了一遍，有了大致体系，但线代的定理实在是太多，章节之间关联又大，第二遍看完很多地方还是一团乱麻。之后我开始看线代强化课视频，看完一遍视频又看了第三遍书，然后像高数那样把不易区分的点整理了笔记。这时候已经快到10月中旬，必须开始做真题了。我是每天一套 2004—2018 年的真题,时间严格控制在 3 个小时。这段时间我一般是早上 7 点准时在自习室开始模拟,10 点结束开始对答案,把每一道错题的所有解法都学习一遍然后全部整理在错题集上。最开始的几套卷子会错很多,经常整理错题到中午一两点。这个过程比较辛苦,但是非常必要。整理错题的过程中会发现历年真题里有一些类似的题型,可以把这类题放在一起整理出常规的解题思路。时间进入 11 月份,这时候能给数学的时间已经越来越少,专业课有大量内容要开始记忆。这时候每天能花在数学上的时间平均只有 4 个小时,这时候前期的笔记和错题集就派上用场了。每天重做一套真题的错题,对于继续做错或依然束手无措的错题做标记重点复习,那些看了能立马浮现解题思路的错题一定要动手再算一遍,因为模拟考试的时候你会发现方法正确而计算错误的问题,所以平日的复习一定要注重计算能力。真题集通常都会按年份或专题排版,除了复习错题集,我又把真题按照专题做了一遍。按专题做的好处是老师们已经把相似题型替我们归纳好了,把它们放在一起会更容易研究出题规律、归纳解题思路,还能直观地显示出哪些知识点是重要考点。12 月的主战场是记忆,数学虽然是理科,但要记忆的公式定理一点也不少,包括一些程序化的解题思路。我先花了一周半的时间,把高数和线代的参考书再次过了一遍,同时完成了第一遍公式定理的记忆;然后又花了一周时间,把之前整理的笔记和错题集又复习了一遍,并且第二遍背了公式定理。剩下的一周时间,我把 2001—2003 年的真题拿出来做了三次模考,然后找了几套模拟卷,因为没时间再模考,只能对着答案匆匆看了一遍。我的数学考得很差,只有 89 分,归根结底是因为做的题太少,计算能力不够,见得题型也太少,容易在出题人的障眼法里迷路。

对于英语这一学科,英语我是从 4 月份开始背单词,英语我没有看长难句,直接买了英语真题。每天花 3 个小时,做两篇阅读,然后精析。把不认识的单词全部查出来整理在单词本上。一些看不太懂的长难句对着答案解析认真揣摩,然后做笔记。分析完文章再分析题目,每道题研究出题点和出题思路。阅读最让人痛苦的就是当你在两个选项当中纠结很久,在原文里反复查找推测,最后终于觉得自己发现了“蛛丝马迹”之后,兴冲冲选了其一,结果后来发现正确答案是不在两者之中,而是你一开始就排除的那个选项;或者文章看得明明白白,大笔一挥潇洒地写了答案,后来眯眼一看,十个里面错九个。这种时候千万不要灰心,认真分析选错的原因,了解出题人的意图,再往后正确率就会提高很多。进入 11 月时,我开始进行英语模考,但平均一周只能完成两套半,因为做题只需要 3 个小时,但解析却很费时间。11 月中旬,我开始加入了英语作文的准备,对书里所提及的每个话题我都先自己写,然后对比范文,把一些精彩句子整理在笔记里。后来我分别整理了小作文的常考类型和它们的段落结构,以及大作文里可能会用到的一些好词好句和名人名言。12 月份继续模考,然后把之前做真题整理的单词和笔记过了两轮,把整理的作文素材背了两遍。整个英语复习中我用到的资料主要就是真题,不要觉得真题少不够做,其实每一套精做下来很费时间,甚至到最后可能都做不完。

我的专业课是 9 月份开始的,西交学硕考石德珂的《材料科学基础》。我加了西交材料考研群,找到了他们这门课的课件。第一轮复习先看一遍书,再看一遍 PPT。第二轮复习先看了一遍 PPT,因为三元相图和凝固这两章问题太多,把书仔细看了一遍还是云里雾里,所以去 b 站找了这本书的视频,是一个叫考试点的机构出的,主讲人叫李平。这个视频很不错,会讲一些实用的解题技巧,讲义里有很多历年真题。我对着视频整理了难点和部分真题,这一轮过完基本扫清了知识盲点。时间进入10月中旬，开始刷真题。从2018年开始，西交专硕除了材料基之外还要考《材料科学与工程基础》，而学硕只考《材料基》，但考得非常细致。这几年来学硕专业课的考察内容变动不大。真题是从材料人的网店买的(都是之前考完研的学长学姐回忆真题然后进行整理，部分年份的题目不全，答案也有错的，但别无选择)，对着真题先把所有考察到的知识点在PPT上做了标记，难题全部整理在笔记本上。11月开始背专业课知识点，两周背完第一轮；然后又花了十五天背第二轮，通过查找资料把一些比较难的题型弄懂。12月背第三轮，然后重新过一遍真题，把一些自己觉得重要但是往年没考到的地方再过一遍。

政治开始得比较晚，10月份开始每天晚花一个半小时刷题，看了专门针对选择题和时政知识点的小册子，翻了两遍有个大概印象。对于自己选择的练习册中的选择题每道都要弄懂，而且不能就题论题，要把这道题对应知识点所涉及的内容全部搞明白。大题有能力就背会，时间不够用可以对着答案看一遍。等12月份各种押题出来，挑选你认为合适的一到两本疯狂背诵。



考研不仅是一场持久战，也是一场心理战。在这个战场上，最大的对手不是别人而是自己。考研永远也不会是唯一选择，但既然选了就全力以赴吧，祝学弟学妹们全都顺利上岸！

**编者评语**

考研不仅是一场持久战，更是一场心理战，不仅是对知识水平的考察，也是对意志力的考验。能坚持到底的人往往能赢得这场战斗的胜利，而这场战斗的对手并不是别人，正是自己。考研不是唯一的选择，但既然选择了，那就要为自己的努力去争取一个好的结果。你可能会出现偏科的情况，可能会在某一些知识点的学习上十分费力，可能会在某一天异常的想去偷一下懒。其实这些都正常，这都是每一个考研人都会经历的，但时间就像是海绵，挤一挤总会有的，有了理想的那一刻，辛苦就都是值得的！

## 考研成功心得体会

**个人简介**

马志远，男，材料科学与化学工程专业，2015级本科生。考研成绩为总分376分，其中英语一73分、政治70分、数学二110分、专业课123分，现被中南大学录取。

我很荣幸作为一个过来人，以考研成功者的身份写下这篇考研的心得体会。我在成绩出来之前也并没有什么预料。所以写下这篇心得体会也有些许的不自信。下面就我个人而言，我会给出一些在我看来有用的建议。

准备考研是一个比较艰难的阶段，因为一方面这是一个打持久战的过程，另一方面这又是一个锻炼自己毅力和心态的时刻。对于准备考研的人来说，确定考研方向很重要。先确定考研的方向，对自己的能力，自己未来的出路要有清楚的认识，确定一个适合自己的院校。当我选择院校的时候，我的首要排除条件就是地域条件，选择一个你想要去的地方才能更高效地学习和工作，其次便是对自己的学习能力和实力有一个较为明确的认知，不要好高骛远，只看到了要考的学校的光鲜而忽略了考上的难度。近几年来考研的人数越来越多，2019 年的考研人数已经到达了 270 万以上，而我认为 2020 年的考研人数会只高不低，竞争压力只会越来越大，所以为自己选择一个切合实际的目标学校极为重要。我们定的目标要属于那种踮一踮脚，咬牙努力就有机会冲刺的院校。所以我最后就选择了中南大学，对我来说有难度但有希望。如果目前还没有心仪的学校，可以先把目标放在一边，优先准备考试科目，决定自己想要考的专业课来复习。专业课作为一个占据分数极高的科目，并且复试主要考察的科目，不能有丝毫的马虎。



现在开始分享我认为对复习过程有帮助的一些注意事项。第一，我认为考研的心态和计划很重要，考研复习过程中要始终保持一种积极乐观的心态，不要给自己太大的压力，更不要和别人比，也切忌和自己比。每天给自己制订一个小计划，不断地鼓励自己，每天进步一点点。考研的战线拉得太长的话，那么在后面的时间里就会松懈掉，没有当初的斗志，所以不用那么早就开始准备，战线过长是会影响毅力，但是只要你在准备的过程中合理安排，就不会出现这个情况。我认为复习时一定要讲究效率和方法，不要打疲劳的时间战和死记硬背，这样不但使自己很累，而且长此以往让自己失去了学习的乐趣。每天保证 6 个小时高效率的学习。学习累了，可以去锻炼一下身体，打一下乒乓球，缓解一下紧张的思维，再回去开始学习，这样效率很高。

第二，选择一个好的复习环境。专门用来考研的教室不是特别的多，所以提前占座是一个非常重要的事情，如果没有找到合适的考研教室就只能选择图书馆或平时课少的教室，我就是后者。其次，约上几个一起考研的人互相来督促，一个人很容易懈怠，而如果旁边有人互相督促的话就不会出现学一会儿玩一会儿的情况。

第三，对于具体的科目的复习技巧。首先，对于数学来说，选择数一或者数二对于复习的要求差别十分的大，数一要求更加的全面，相较于数二来说多出一本概率论还有大约半本书的内容，所以要明确自己选择考数几，然后选择合适的辅导书。对于考研来说，只有知识的了解而做题少是没有用的，各种练习题和模拟题绝不能少，它们能帮助你了解各种题型和不同的题的解法思路。其次，英语十分重视基础，所以我基本上背了接近一年的单词掌握它们的意思。在我看来，考研的阅读大多是对单词量的考量而对语法的要求不高，高中水平足以。

英语基础很重要，要重视平时积累，另外考试复习时的冲刺也很重要。最重要的还是词汇量，这对阅读和写作都是至关重要的一点。背单词也要讲究技巧。可以边阅读边来背单词，但是英语复习的时间一定要尽早开始。中外文章在写作方式方法上存在差异，要始终站在作者的角度上去理解文章大意，然后回答问题。同时阅读理解有一定的难度，不必每一句都要看懂，有很多答题技巧，比如符号和转折词的运用，当出现转折词的时候，只要看转折的部分即可，前面的内容看不懂也不要紧。写作部分也很重要，一是靠平时多读多背一些经典的语句，二是要学会用一些模板，用很简单的单词表达清楚自己的意思，同时要注意审题，切忌跑题，注意掌握答题时间。

英语真题很重要，虽然不会出现相同的阅读写作文章，但是重要词汇重复率很高，可以通过做真题来背重点词汇。平时一周至少写一篇作文来练习。而其他年份的真题当成是练兵，不做单词查阅等工作。现在可以试着做两套真题。看看自己的实力大概是多少分。然后看看自己哪个部分比较弱，最后冲刺阶段要学会合理安排答题顺序和时间，把自己把握大的分值高的部分先做，保证会做的不会因为没有时间而丢分。

对于政治而言，基本没有别的手段，买下一套政治书背就完事了，不要听信一些考前一个月再背几套卷的传言，因为选择题的分值很高，但是全靠平时的背的积累，所以我建议提前三个月背政治，更早的是翻阅和略读。如果想在政治上取得一个高分，建议在网上找一些视频课程，对于政治的归纳和总结对我们考研人很有帮助。

专业课上面要选择自己有一定基础或者你特别有兴趣的专业课，如果不是跨考，建议选择自己最熟悉最有把握的专业课。专业课的复习一定要早，根据你所报考的学校的专业课的历年的考纲选择需要的专业课书籍和资料。一般在网上都能找到具体学校专业的历年考题。建议加报考学校专业当年的考研群能够获得重要的专业课信息并且答疑解惑。

这些就是我的考研心得，希望本校考生都能成功上岸，考上理想大学的研究生。



**编者评语**

考研是一个锻炼自己意志和心态的时刻，在考研过程中需要对自己未来所涉及的领域和所去城市有一个足够的认识。报考学校的城市有很大可能成为今后发展的平台，选择一个想去的地方才能更好地学习和工作，马志远同学最终选择了中南大学这所坐落于湖南省长沙市的高校，有着很大的发展空间。考研的心态和计划很重要，进度太快可能会存在复习不充分，后劲不足的现象，进度太慢又完成不了学习计划，合理安排好复习时间是非常重要的。学习环境也是一个非常重要的因素，选择教室或者图书馆这种安静且学习气氛浓厚的环境是很有必要的，再和几个一起考研的研友彼此监督和帮助，会起到事半功倍的效果。

## 考研经验分享

**个人简介**

马金禹，男，材料科学与工程专业，2015 级本科生。参加 2019 年考研，初试成绩为总分 406 分，其中政治 79 分、英语 72 分、数学 116 分、专业课 139 分。复试 243.3/280，总分 649.3 分，在焊接本部学硕排名第三。现被哈工大材料加工焊接方向录取。

我的学习时间大概是 2018 年 3 月到 4 月，7 月 12 日至考研。中间断的三个月在学本科课程，但每天仍有 1 ~ 2 小时在学习考研内容。下面我就分学科介绍一下我的学习经验。

对于数学学科，之前基础基本为零，我先用最短的时间过高数强化班视频课，大概 3 ~ 4 天就能过完，然后回头再过一遍，其间第一遍笔记整理得不好，第二遍又仔细认真地整理了笔记。之后琢磨笔记背笔记，哪里不懂再看视频。哈工程这时候会有一个刷分考试，哈工程的学弟学妹可以报一下，检验一下自己，微积分历年题做一下都挺好的。然后开始看高等数学教程，看内容精讲，例题精解，必要时动手做一下，这时书上的习题可以先不做。至于线性代数，初期入门比较难，过了这段就好了。到了 2018 年 7 月份，暑假是数学最重要的阶段，由于复习中断，这时候又刷一遍视频课，然后开始大量做题，先做例题习题，然后做的基础过关，接着是刷一本习题，希望各位学弟学妹能咬牙坚持做完。到了 9 月份，大概就整理之前没完成的，看之前不太明白的，查缺补漏背笔记。国庆七天假，是个闭关修炼的好时期，所以张宇闭关修炼 100 题可以安排在这个时候做。之后开始真题，确保 10 月 31 号之前完成所有真题。我一般是 7:00 到图书馆，7:00 ~ 10:00 在规定时间内作答，然后批改整理，差不多一上午就完成一套。

11 月至考研这段时间我的数学就比较混乱了，二刷真题没刷完，迫不得已改为整理错题，笔记背了两遍，线性代数辅导讲义大致做了一遍。还望大家找出自己的路，清晰目标，勿蹈覆辙。



关于数学的几点小建议：

(1)公式自己整理汇总一下，要尽早背，越早越好，最好今天。

(2)微积分占比很大，要下苦功夫，但线代亦不容忽视，线代这个科目几天不看就很生疏，复习时要格外注意，微积分就不说了，每天至少俩小时，一直到考研。

(3)至于概率论，我不考，但跟宇哥应该没问题。

(4)数学题多上手做，看着会，做起来就不一样了。

对于英语学科，我的建议如下：

(1)背单词。我背了一本单词书，推荐《十天搞定考研单词》(王江涛)。背单词也是有方法的，建议早起与睡前背，反正每次背新词之前要把背过的都复习一遍，背第一遍时会特别辛苦，但只要坚持下来，之后会比较轻松，背单词大概就是，日日不断，水滴石穿！

(2)分析阅读。考研英语素来有得阅读者得天下之说，此言非虚。完型、新题型、翻译，说到底都是阅读，把阅读研究透彻，然后在考前做一些练练手，适应一下就 OK。阅读先自己按规定时间做，然后对照译文，逐词逐句理解，单词什么意思，整句为什么这么翻译，这是一个极其艰难的过程，有时候一晚上只能做一篇阅读，但没办法，只能硬磨。在此期间，建议注意积累在阅读中出现的好句子，比如“the very things that in the moment dampen our moods can later be sources of intense gratification and delight.”，这句我用在了大作文及复试的自我介绍里。

(3)英语作文。前期建议背几篇，有了一定积累，然后整理出一套属于自己的模板，直接背模板就好，考试中根本没时间现写。阅卷时一篇英语作文也就 20 秒，只要不出现大的语法错误，内容分相差不大，此时字迹是否工整显得格外重要，建议多练练字。

(4)答题顺序。我是先写大小作文，趁时间充裕写工整一些，然后依次阅读、新题型、翻译，最后完型。时间不够完型可以都蒙一个选项。根据自己情况调整。

(5)政治复习。政治大概 9 月份开始，先配合核心考案看视频，视频来源同数学，然后开始做题，要留一个月时间背政治，选择题建议整理错题背诵，另若时间充裕，建议将所有老师的押题卷选择题刷一遍。

大家考的专业课不尽相同，及时获取所考内容(报考院系官网，学长学姐)，我考的 825 金属学与热处理，建议越早复习越好，复习思路：书—真题—书。2019 年出题思路偏向灵活，注意理解，切忌死背。

没有放之四海而皆准的准则，学长的考研经历、经验仅供参考借鉴，应根据自己的实际情况调整，最后祝大家经过刻苦努力得偿所愿！考研算是给初期没有努力学习的同学，一次救赎、一次逆袭、一次证明自己的机会，未来的你一定会感激现在拼命努力的自己。

**编者评语**

马金禹同学的基础相对而言不具备很大优势，选择考研也是想证明自己一番，最终取得406分的高分，证明了自己，专业课更是达到了139分的高分成绩。马同学对自己的学习计划有着科学的安排，在平稳而高效的学习进度中完成了自己的初试复习，注重教材和真题的理解和练习。考研也是给初期没有很刻苦学习的同学一次证明自己的机会，能在这个过程中得到锻炼，战胜自己，其实已经是成功的了。考研不是唯一出路，但是却是一次更上一层楼的机会与挑战，所谓的光辉岁月，并不是指后来闪耀的日子，而是无人问津时你对梦想的执着！



## 2.2.2　复试准备篇

### 以绝不回头的心考研

**个人简介**

谷艺韬，男，材料科学与工程专业，2015级本科生。参加2019年考研，总成绩359分，其中英语66分、政治64分、数学126分、材料综合103分，现已被北京航空航天大学研究生院材料科学与工程专业录取。

在文章开头，我想对大家说几句话。对于选择了考研的大家，既然选择了这条路，就要清楚自己的需求，是求学历还是求进一步的深入研究。不同需求会应对不同方向的努力和付出，考研真的不是一件轻松的事情，从信息的搜集到复习时间的安排，再到学习的刻苦，其中还会掺杂着各种各样的琐碎事务，比如平时上课实验，或是考场的确定与相关住宿的安排等，是全身心地付出。同时考研不是唯一出路，在前期信息收集阶段，你纠结于自己到底是考还是不考，但一旦确定，个人建议是不要再在报名时间段内有所犹豫，就朝着目标学校全身心地去付出。

对于学校的选择，我当时主要考虑几个问题：对于读研我的目的是什么？我的基础知识水平（比如英语、数学有没有偏科）怎么样？地域、学校、专业排名我更看重哪个？对于这些问题我的回答是，我打算在材料方向进行深造，并且一定要读一个离家近的985的研究生，我的数学不错是一个考研优势，政治英语也不算瘸腿，可以选择一个不错的985拼一把。于是综合考虑了地域和材料专业的学科排名，最终选择了北航——材料排名A+，也有一批刚刚回国的青年教师，富有干劲，分数线不算很高，学硕专硕招收人数也相对较多。

经过了反复思考确定好了学校之后，在网上可靠的店铺买到专业课资料之后，就考虑复习的时间安排了。北航考的是数二、英一，专业课是材料综合，包括物理化学、现代测试分析方法，以及一部分选做题，金属方向：材料科学基础；高分子方向：高分子物理，高分子化学；无机方向：无机材料基础，特种陶瓷学。彻底进行复习，一般是在大三暑假开始，暑假期间主要完成的就是数学基础知识、英语单词背诵这两大任务。关于系统的时间安排，其实知乎，还有微博有很多经验帖的分享，其实大家都差不多。具体时间安排因人而异，我大概陈述一下我的复习整体安排。

我的考研复习主要分为四个阶段：

第一阶段(7～8 月)：数学基础知识，主要包括张宇十八讲，李永乐线性代数辅导讲义，第一遍阅读，并做笔记；英语恋恋有词过完第一遍。

第二阶段(9～10 月中旬)：数学第二遍复习，看笔记的同时，再做一遍张宇十八讲，李永乐线性代数辅导讲义上的例题，并同时做了李永乐 660 和张宇 1 000 中的部分题，不会的整理出来，并做好分类；英语开始做阅读理解，并背诵第二遍的恋恋有词；政治结合肖秀荣知识点精讲精练与徐涛的网课学习；对于专业课对照考试大纲，结合网上搜到的专业课 PPT，阅读学习专业课要求书籍(书本一定要详细地过，并且尽可能地理解，不要死记硬背)，并做好笔记。

第三阶段(10 月下旬～11 月)：数学开始刷历年考题；英语开始刷整套历年考题；政治刷肖秀荣 1 000 题，并再过一遍精讲精练与网课笔记；专业课加入历年考题。结合历年考题对所学知识进行查漏补缺。

第四阶段(12 月～考试前)：数学进行第三遍知识点梳理，并重刷一遍错题，同时做几套各个名师出的模拟题；英语三刷单词，整理作文模板，背诵模板和好的万能句，保持每天两篇阅读理解，维持手感；政治做肖四肖八，背诵徐涛小黄书、肖四肖八大题，刷一遍 1 000 题的错题；专业课背诵整理的笔记和历年考题中的简答题。最后一周空出两天时间，进行一次考研仿真模拟。

接下来详细地为各位同学介绍一下我的复试经验。我的复试准备比较晚，是在考研初试成绩下来了之后才开始准备的，北航比较好的一点是它初试复试笔试的书籍是一样的，分为金属、高分子、陶瓷三个方向，所以如果一直选择同样的方向复试，其实就是再过一遍书，做一下复试历年题就可以了。和考研基础知识的初试相比，复试更加注重对问题的分析能力，比如我当时就做了一道题问“碳化硅陶瓷氧化的热力学动力学分析，应该用什么仪器，如何使用它们去分析”。所以一定要掌握知识，并且有时间可以读一下你报考专业的相关文献扩充一下自己的知识体系。

北航的复试相比于其他学校可能要简单一些，复试主要内容有笔试和面试，笔试范围与初试时选做题范围一致，分为金属、无机、高分子(这个会在复试前 1～2 周以电子邮件的形式发给负责老师)。面试无须英文自我介绍(要求上没有明确规定，但是近几年都没有这个环节)，英文考核部分为专业英语翻译，老师会给一段(3～5 句)的专业英语课文让翻译。随后是中文自我介绍，老师会针对你自我介绍上的特长科目进行详细的询问。不同方向复试时的问题不同，我考的是无机方向，无机方向的笔试更加侧重于实际应用，如在笔试时有的问题是“给你一个材料(是具体的材料)你要如何去研究其热力学与动力学性能？”这一类，总共六道题，面试则会详细询问毕设内容和本科期间你做过的科研内容，还有你自我介绍时表明的感兴趣的方向的内容。

对于复试我听到过他人或者自己也走了一些弯路，在这里为大家总结一下经验和教训。

在进行自我介绍或者写简历时，务必确定你所说的或者写的特长和科研经历是自己真实具有的，老师们会对你的特长和经历十分感兴趣，一定会在面试过程中进行询问，所以不要编造，或者是一些似是而非的比较水的奖项最好不要写在介绍中，不然很容易被戳穿，给老师留下不好的印象。那些写在简历上的内容复试前一定要进行详细的准备。复试过程中被老师提问到哑口无言属于正常现象，当你实在不懂时尽可能不要紧张，全神贯注于老师的下一个问题，面试时越对你感兴趣的老师越会追着一个问题深入地去询问你，因此大部分人回答老师连续深入的提问 2 ~ 3 个就不会了，其实这并不意味着你的成绩不好，因此平常心对待老师的问题。

北航录取通过的公布是在一间教室里老师念名字并且给你所有研究生导师的方向与联系方式，由于公布名次的时间在下午 4 点，而要求你找到自己的导师并获得老师承认后上交老师签字的时间是同一天的下午 6 点。时间可以说非常短，所以要求大家一定在初试成绩通过后，或者初试刚考完后就开始在官网上查找导师信息，并尽可能地联系老师。官网上一般有老师的电子邮箱和办公室电话，我是采用的电子邮件的联系方式，对你感兴趣的老师会对你给予邮件回复，不感兴趣的老师有的会直接回绝，有的就是直接不回复邮件，因此 2 ~ 3 天如果没有收到老师邮件就可以换下一位感兴趣的老师进行联系。电子邮件的模板网上都有，但要有自己的改动，每一位老师的邮件也略有不同，在邮件上附上个人简历、成绩单、比赛证书等证明你能力的材料。老师一般也十分愿意在复试等成绩期间与同学进行面谈，你也可以将自己想要询问的内容与老师进行交谈。



复试最重要的当然还是对于知识的复习和学习，与初试不同，复试可能比较没有体系，对于复试材料现在网上有金属和高分子方向的，但无机方向的同学也不要紧张，一般考研群会有学长学姐分享复试题。每年的复试，尤其是面试都是有一定的不同，但只要你基础知识扎实，题目再变也依旧能获得高分。

**编者评语**

复试在考研中占有什么样的地位，很多人一味地以为只要自己初试成绩够优秀就可以高枕无忧，或者觉得自己初试成绩发挥失常便对自己失去信心，对复试的准备掉以轻心。结果从不会辜负你的努力、机会都是留给有准备的人，不要因为初试成绩不理想就掉以轻心，经验告诉我们逆袭的同学大有人在，更不要因为自己初试成绩高就沾沾自喜，很容易大意失荆州。坚其志，苦其心，劳其力，事无大小，必有所成！走好考研中的每一步，认真去看复试专业课的书籍，专心地准备面试中可能会被问到的每一个知识点，相信我，你一定可以的！

# 每一个不曾起舞的日子都是对生命的辜负

**个人简介**

方文宇,男,材料科学与工程专业,2015 级本科生。参加 2019 年考研,总成绩 379 分,其中英语一 60 分、政治 71 分、数学 131 分、专业课 117 分,现已被天津大学材料专业录取。

我叫方文宇,是哈尔滨工程大学材化学院高分子方向的一名本科生,报考的是天津大学(简称天大),不过天大的强势之处在化工学科,材料并没有那么出众,但也不负 985 大学的盛名。说到报考学校,我个人认为这里的选择就见仁见智了,只考虑院校实力并不是最优解,要综合个人实力、地理因素、家庭因素,再下定夺。



接下来简单说说复习经验吧,不得不说,过去的一年时光是我的大学生涯中最充实的一年,从 2018 年 3 月到 2019 年 3 月,人在专注的时候真的感觉时间过得很快。3 月到 6 月的时候是大三下学期,那时候还有不少课要上,所以复习时间其实很吃紧,但是我并不提倡在上课的时候复习,大三下基本都是一些专业选修课,虽然对于考研初试没有任何用处,但是并不能保证复试的时候老师不会对你所学过的课程发问。对于初试,我建议先开始数学与英语的复习。这个时候最好是选定目标院校,因为不同院校考试科目并不一样,我考的是数学二与英语一,复习用书是张宇十八讲和英语张剑黄皮书。

首先说下数学,数二是内容最少的,但并不意味着就简单,说实话考研数学难度都很大,所以尽早开始,最好能在考前复习三轮以上。我先是看辅导书复习知识点,顺手做书后习题。第一轮时间会很长,不要着急,最好细致地搞明白每一个知识点,4 个月之内看完一遍就好,建议准备一个小本子,记录一些出题套路,常用公式和特定类型的题目的解题方法,有些知识点辅导书上并没有写明,但是习题中经常可以看到,这就需要自己总结了。第二轮在 7 月开始就可以了,第二轮就做题顺便回忆巩固知识点,可以准备一个错题集,对于解题思路无误但是计算出错的题,建议也记下来,考研数学无论数一、数二还是数三计算量都不小,考试的时候计算失误是最愚蠢的失分点,在这种地方扣分心理上也很难接受,如果是因为不会做扣分其实扣得心服口服,而且估分也比较准确,考完心里就有底。第三轮就做真题就好了,10 ~ 11 月,在考前尽快熟悉真题套路,那些数学讲师们出的模拟题,可以做但没必要,我做了一些,感觉上他们的出题难度把握并不算好,出题走不出他们自己的套路,不过多做题并没什么不妥,见识广点也是好的。我的数学成绩不算高,但相信是一个大多数人都会接受的比较理想的成绩,根据我的失分点再给大家两点建议,一是公式一定要背熟背准确,尽量理解了再记忆,会好记很多;题目理解一定要准确,算出来结果奇怪大概率是计算的问题,看错题或是理解错题意对于大题来说是致命的,考场上一定要放松,认真读题。

英语的话,我的成绩好像没什么说服力,背单词是一个习惯,最好尽早养成,现在手机 App 那么多那么方便,每天拿出那么一点时间背背单词,不只为了考研,这是一生的财富,优秀的英语能力是很多地方的敲门砖,希望各位听我这个英语差的人一句劝,英语真的很重要。

关于政治,我是 7 月开始看的肖秀荣的知识点讲解。政治内容很多,看了还容易忘,其实早点开始可能会好点，如果时间真的不够，按照内容的话分为马克思基本原理（以下简称马原）、毛泽东思想和中国特色社会主义体系概论（以下简称毛中特）、中国近代史纲要（以下简称史纲）、思想道德修养与法律基础（以下简称思修）、形势与政策（以下简称形政），其中马原和毛中特不看知识点的话做题很吃力，还是建议看一下，史纲和思修的话，我们义务教育的时候学到的内容其实差不多够用了，时事政治可以看徐涛微信公众号整理的内容，还不错。上面提到的内容针对选择题，然后可以开始刷题了，我做的是肖秀荣的 1 000 题，只做选择的话其实挺快的，错题多错几次就记住了，效率其实还可以。等 11 ~ 12 月，跟着一位考研政治老师，检测一下自己的水平，查缺补漏，然后多背诵一下有经验的政治老师所押的真题，政治这一学科相比来说性价比还是比较高的。专业课的话，大家选定院校之后，就可以去目标院校官网去看往年的公告，看一下自己要报考的专业考试科目，一般会有参考教材。我从 7 月开始复习的专业课，用的教材有两本，七八月份我只是重温了一下教材，虽然本科课程学过，但是深度上差异很大，完全可以当一门新课学习，往后就可以买历年真题练手了，除了目标院校的题，别的院校的资料也很有参考价值。买历年真题其实也没什么讲究，可以联系学长，有的考研群里就有专卖资料的学长，不在意钱的话甚至能在淘宝买，真假就靠自己判明了。



初试结束后，稍作休息就开始准备复试，下边就详细地说一下我的复试经历。复试比初试中专业课的内容要多一些，天大的话多了实验部分。初试的时候基本都是考的课本中的理论知识，复试会提问一些实验操作、原理上的问题，基础的几个高聚物合成实验要记得熟一些，比如聚苯乙烯、聚甲基丙烯酸甲酯的制备等。我建议毕设找一个和自己考研方向差不多的老师，把这位老师所做的那种材料的合成方法牢记在心，比如我毕设做的是聚氨酯方面的，在复试的时候老师问道我所做的实验时，我回答做过聚苯乙烯、有机玻璃与聚氨酯的制备，老师直接深入问了聚氨酯的合成问题，我个人认为老师比较倾向于提问和之前的同学不一样的内容，PS、PMMA 问得太多就不想问了，所以毕设的内容还是很重要的，选题选导师的时候一定要慎重。这里有一定的运气成分在里边，但是如果你选的课题很好你可以引导着提问的老师往那一方面提问。实际上除了实验环节，别的环节的提问老师也有的喜欢在毕业设计上进行提问，提前对自己的毕设熟悉一下绝对是值得的。听说以前的时候还考过实际操作，2019 年没有不能保证以后也不考，建议准备周全。

2019 年天大的复试分了四个环节，在四个教室同步进行，分别是高分子物理、高分子化学、高分子实验与英语的考察。高分子化学是老师先进行提问，然后抽题回答，内容基本都是课本上有的，初试学的东西复试前再复习一遍就行；同样，高分子物理也是一样的流程，只要对课本内容熟悉就不成问题；实验部分问得比较多，高分子的化学实验与物理实验都会问，最好买本实验书看一下，物理实验是一个难点，原理、操作都比化学实验要难记一些，如果真的做过还好；英语分值也不低，要引起重视，英语的话主要还是考察听力与表达能力，自我介绍长一点没事，如果听力不好可以拖点时间，老师的提问也主要是围绕着你的自我介绍来问的，所以最好不要加一些你没有能力深入去讲的东西进自我介绍里。另外，就算是听力差，老师的提问也可以听到几个关键词，这就需要去了解一下面试常问问题，推测一下老师问的是什么意思，如果实在听不懂还是不要乱答，跟老师说一两次你没有听清影响不大，老师会换个简单的句子来提问。

如果可以的话，建议复试前几天就到学校附近去住，每天去学校里转一转，熟悉一下位置，如果学校允许的话可以去教学楼或者图书馆复习。对环境比较熟悉之后就不会有在陌生环境的紧张感，调整好心态很重要，复试时如果说话结巴、吞吞吐吐还是蛮致命的，发挥不出来应有的水平不说，就连老师的印象分都不高。在复试过程中一定要放平自己的心态，稳扎稳打准备好每一个环节，希望我说的可以对你有一些帮助！

**编者评语**

复试不比初试，除了专业课笔试这一环节，面试更多考察的还是专业素养和平时的积累。但是无论如何都要时刻保持着谦虚诚恳的态度，复试时一定要有礼貌，所谓德才兼备，不管走到哪里德行都是排在第一位的。面对老师提的问题，回答不上来时也要谈一些和这个问题相关的知识，尽可能地展示自己的知识面，切不可不作答，老师们都是很平易近人的。还有就是像托尔斯泰所说的一样，正确的道路是这样：吸取你的前辈所做的一切，然后再往前走。复试相对比较灵活，复习起来知识面和要注意的地方比较多，一定要虚心地向前辈请教，早做准备。



## 2.2.3　院校选择篇

### 志当高百尺，手可摘星辰

**个人简介**

王坤，男，材料科学与工程专业，2015 级本科生。参加 2019 年考研，现已被清华大学深圳研究生院录取，录取专业为“材料科学与工程/新能源材料与器件”。

我叫王坤，在此跟大家分享一些考研期间的经验，希望能对大家有所帮助。

首先，我想简单介绍一下清华大学的材料专业。在 2018 年发布的 QS 世界大学学科排行榜中，清华大学的材料学科的排名位列世界第九，而在最新一轮学科评估中清华的材料为“A +”，位列全国第一。师资力量和实验条件更不必多说，能进入清华任教并且坚持下来的老师都是非常优秀的，清华的科研经费也是非常充足的。不过，统招生选导师会很受限制，一些老师名额基本都被保送的占光了。

那么，材料学院与深圳研究生院又是什么关系呢？说简单一些就是清华和深圳市合作建设了深研院，这个学院的研究方向都是一些新兴研究方向，其中也有材料相关的方向，这些材料方向的招生由材料学院负责。

接着说一下材料学院的招生情况，以 2019 年为例，北京本部“材料科学与工程”学硕 4 人，这些是：①进入学硕组面试，②希望留在北京本部，满足①②两条件的人里面总成绩在前 4 名的考生；深圳研究生院 39 人，其中“材料科学与工程/新能源材料与器件”学硕 10 人，“材料科学与工程”专硕 29 人。报考人数约 400 人，录取 43 人，还有若干人调剂到其他院系。

考研时绝大多数人都会把志愿设定为“本部学硕”，因此专硕一志愿几乎没人，这种情况下，你初试发挥不错就可以进入学硕组复试。然后你复试发挥好可以“前四名”留北京读学硕，复试发挥一般可以去深圳读学硕，复试发挥差了被刷了还可以去参加专硕组面试。初试发挥一般没进学硕组面试也可以直接进专硕组面试。初试发挥比较差但是过了清华校线还可以申请校内很多院系的调剂，机会还是挺多的。

接下来，我想针对具体科目给大家一些建议。

首先，说一下数学。这是我发挥最好的一门，考了 138 分，是我的“救命”科目。并且清华、上交两所学校的材料考研是考数学一的，其他学校一般是数学二，数学一量比较大，复习起来难度也大，但相应的题目整体难度不会太大。我从大三上学期就开始复习数学了，不过刚开始只知道听课，不知道做题，效果很差，学了就忘。因此，我建议大家大三下学期暑假前完成数学的基础复习即可，同时把基础习题做完。我基础阶段的选择是《李永乐复习全书》+汤家凤基础班视频+《汤家凤 1 800》基础题，不管怎么选，反正一定要在暑假前把基础打牢，把基础题目做会。暑假为强化阶段，我用的汤家凤强化视频+《汤家凤 1 800》提高题。暑假后先用一个多月做历年真题（建议把近十几年的真题搞定就可以了，再往前尤其是 2003 年之前的没什么参考意义），做真题要注意回顾基础强化知识点，注意边练真题边有计划地回顾基础强化笔记以及全书，不要急于求成，那样会浪费真题，每套建议限时 2.5 小时之内做完。接下来的接近两个月的时间则主攻模拟题，建议选李林，合工大五套卷也不错（尤其第一套），一周两三套即可，仍然注意总结自己不足的地方，并有计划地复习基础知识点及之前总结的答题技巧。

其次，说一下专业课。清华的专业课有三种选择：①838 材科基+物化（各 75 分）；②839 材科基+固体物理（各 75 分）；③904 工程材料。看起来 838 是最佳选项，实际上 2019 年考 838 的平均分最低，因为物理化学部分考试范围太广，并且这两年应该是换了出题老师，题型大变样，2018 年之前的真题没有了参考意义，我选的就是 838，物理化学部分我几乎都是蒙的。839 正常一点，虽然固体物理没学过，但是参考书很薄，原题也多。904 之前几乎没人考，没真题可参考，2019 年突然出来几位勇士考了它，均斩获高分，最高有 134 分，足足比我多了 30 多分，听说 904 考的都是热处理之类的东西，建议学金属材控的选它。材料基部分 838 与 839 一样，都要参考清华版材料基，它非常厚，600 多页吧，2019 年材料基部分大概一半原题，其他的也能写出来一点。针对具体的学习方法，我建议先把真题涉及的部分看完，保个底（其实真题涉及的部分已经很多了），其次要养成多背书的习惯，理解着背，专业课真的超级多，我感觉怎么背都不会背的完，只能是抓重点。物理化学如果要选的话是参考南大傅献彩版的课本，两本加起来内容也超级多，并且仅背真题是肯定不行了，还得对书上的各个知识点仔细理解，2019 年 25 分判断题，都需要对具体物化概念的理解。更具体的可以关注“材子考研”公众号，这个是最权威的清华材料考研交流，里边会有交流 QQ 群，他们也会买资料，每年超过 90% 的清华材料考研人都会在里面。

然后，对于政治英语，由于我考得一般，我不具体谈经验了，建议大家去网上找一些北京地区考研政治英语成绩比较高的学长学姐的经验。我就给几点提示，一是北京地区政治英语主观题压分，这种省份叫“旱区”，相应的有“水区”，旱区水区两门加起来可能会相差 10 分左右，这个需要大家做好心理准备，主观题最好字写得工整一些，多写点。二是政治的背诵任务不要拖太晚，有些人最后一周才背分析题，这样会影响数学专业课的复习，损失惨重。三是英语的作文不要死背,要及时地进行练习并且积累素材。考试时一定要先写作文。

最后,我想再说明一些考研需要注意的问题。

(1)不要和别人攀比,学习进度慢点真没事。你以后会在各种场合见到各种秀自己进度的人,真假难辨,这种情况下就需要理性分析,不能完全不管不顾,也不能见到就慌了手脚。主要是自己对自己的进度有一个很好的把握,这个很难,但进度安排必须有,并且要不断调整,不仅是调整进度本身,也要调整自己的状态以及学习方法。

(2)考清华要经得起质疑。我曾被很多人劝退,“没科研经历你复试会被刷”“本科太差你复试会被刷”“考那么好的有必要吗?”等,但是这几个却是实实在在的问题,都是有道理的,关键看你怎么选择。

①初试大家都平等的(虽然这已经很难了),复试跟初试一样也是 500 分,初始分 + 复试分 = 最后录取分。并且复试里面 400 分都是面试,面试基本都是在问科研经历方面的问题,没有科研经历就会问毕业设计,偶尔穿插几个专业基础问题,还有一些是老师临时想的问题,考验你的反应能力。所以本科期间至少应该从事一些科研活动。没有的话就会吃亏,回头写简历无从下手,但这不是全部,关键还在于你对面试整体的准备程度。比如多引导老师关注你的毕业设计、本科学过的科目等。

②哈工程在考清华的队伍里面是垫底的,一大半是 985 的,这个要有心理准备,我面试时有个老师问到了“哈工程出身不错,但是近年来发展不好”这种无从回答的问题。我当时直接转移了话题。

③考清华的必要性你自己斟酌,我觉得是如果没有清华情怀还是要慎重选择,初试复试难度都很大,风险很大,但如果过了清华校线(今年 310 分、50 分、50 分、80 分、80 分),材料考生校内调剂的机会还是比较多的。

(3)关于研友(考研环境)的选择。我认为考研成功的一个重要原因就是室友研友都挺给力,我寝室三个保研,另外两个室友也都考上了,大家都挺刻苦的。所以如果你的室友不太勤奋,并且你没能力改变他们,就尽量少回寝室,并且不要跟懒人做研友。如果你发现你的研友整天拖你后腿,你一定要大胆说出来,说了不改就快换人,一年的努力容不得你一直讲人情。并且考研时也会遇到各种奇葩人、奇葩事,一定要大胆说出来,憋在心里肯定不行!

(4)一定要坚持到底!考研过程中会遇到各种“放弃”的形式。一是前期过于懈怠,觉得时间还多,实际上这是恶性循环,最后会在懊悔中慌得不知所措。二是后期觉得自己复习的很差,放弃治疗。这可能是一种错觉,一定要学会安慰自己。三是考试过程中放弃,看到几道不会的题目就觉得自己完了,这肯定是错觉,一定要按部就班地把自己会的题目做完。

**编者评语**

考研准备因人而异。考研在考试过程中主要分为初试和复试。但事实上需要准备的内容还很多,并且每个人有每个人的际遇,每个人有每个人的选择,每个人有每个人的努力。在这里将选择学校作为“第零步”。

王坤同学出于自身坚定的目标,对目标院校——清华大学全面了解之后,通过自己的努力取得了好的成绩。确定了目标,要通过坚定的努力才有可能得到希望的结果。确定了目标,要踏踏实实地努力,不只是说说而已。确定目标时要根据自身情况,并且有翔实的计划,根据实际情况做出调整也是必不可少的。

## 破釜沉舟的决心

**个人简介**

雒翼航，男，材料科学与工程专业，2015 级本科生。参加 2019 年考研，考研成绩为总分 376，政治 76、数学二 113、英语二 75、专业课 112。现已被华南理工大学录取。



2019 考研已经过去了近四个月，算算离开始准备考研也过去了整整一年，复试结束过去近半个月，静下心来仔细回顾一下自己的考研历程，自己也好去总结考研过程中的经验教训了。

我从大一开始目标院校就是华南理工大学，但是因为自己前几年没有十分用功学习，所以也没有获得保研资格，就早早想好要考研。我认为一旦决定要考研，就不应该给自己留退路，需要抱着破釜沉舟的决心。刚开始的时候，看着高到离谱的报录比（硕士研究生的招生每年都会有变化，2018 年全国硕士研究生招生人数约为 70 万人，报考人数高达 230 万人，2019 年更是高达 290 万人），每年四个考研的人之中按比例只有一个人能考上，几乎大多数人此时都会信心减弱，想一想考研都是一件困难的事。而且考研只存在 0 和 1，只可以报考一个学校的一个专业，即只存在考上或考不上。但是实际上真正用功复习的人数可能连报名人数的一半都不到，离考研时间接近时，还会有一些人放弃考研，在我身边好好复习的基本都考上了，其实只要能坚持下来，都能获得不错的结果。那好好复习是怎样的概念呢？我就从头开始讲一下自己的看法。

首先，选择目标院校和专业是一件极其重要的事。

针对城市、学校、专业这三个基本因素来选择。其实在报考大学的时候，很多同学对报考的学校和专业就是懵懵懂懂，并且由于没有专业指导，可能出现很多不满意的情况，但是不能以现在的见识来看待当时的环境。那么进入大学之后，经过三年的学习、生活，经历了很多见闻，可能会产生一些对未来的设想和期待，比如对于确定考研目标院校、城市、学校、专业，这三个因素是基本因素。我当时因为对广州这座城市很感兴趣，想去广州看一看，当然还有的同学在选择的时候可能因为家庭所在地选择成都、西安等。

至于学校，也因人而异，有的人看重学校的排名，有的人看重这个专业在全国的排名，这个时候需要自己多搜集资料，进行对比，选择自己心仪的学校。在广州最好的工科院校就是华南理工大学，我就将我的目标确定为它。

至于专业，我本科是高分子方向，但自己实在是没有太大的兴趣且不太喜欢实验室的环境，就选择了华工的金属方向，做新能源方向，所以对于考研专业的兴趣也很重要，因为研究生阶段的学习和研究更深更有难度，而且如果没有兴趣的驱使去做自己不喜欢的事我也难以接受。那么具体如何选择，在自己的本科阶段需要自己不断积累见识和想法，其实见识和思考对一个人在工作之后的选择也很重要，但这个也是每个人的不同所在，不能一概而论。

其次，针对录取难度来选择。

对于哈尔滨工程大学的同学来说,选择考本校本专业是相对容易的,这可能是很多同学选择考本校的原因。需要注意的是,选择学校,需要量力而行,参考自己的能力和志向,要想好自己是只要考上就可以,还是一定要考一个更好的学校。一般来说,学校越好肯定考的难度越大。不过偶尔也会存在意外,比如有分数大小年,就像如果上一年报录比比较低,看上去录取率高的专业和院校在第二年就可能会迎来更多人的关注和报考。就像我报考的是华南理工大学的材料科学与工程金属方向,最开始准备的是学硕,觉得难度可能比较大,就准备报考专硕,到复试的时候才发现学硕的录取率比专硕得更高,就是因为去年学硕录取率低,2019 年报的人少,专硕报考人多就更难了。

而且报考学硕专硕也要根据自己的兴趣方向,在我自己看来是没有任何区别的,至少在华南理工是这样。一般考研院校第一档是清华北大,考英语一、数学一都是难度最高的,而且专业课也是最难的,但是一般 985 院校的专业课难度都很低,很多还没有 211 院校专业课难度大,至少我自己觉得本校专业课难度还是挺高的。



考研的科目中专业课每个学校都不一样,在选择学校的时候也需要考虑这个问题。几门专业课、参考书目、考试难度、历年考题等这些都是必备的,并且每个学校的阅卷尺度也可能不同,每一年的阅卷尺度也可能不同。我的考研成绩很平均,没有哪个比较拔高的,也跟我复习的时候时间分配比较均衡有关。专业课因为自己复习得较好,考场发挥也不错,考完以为能考 130 分以上,结果比预期低很多,可能是阅卷尺度的问题,但这个成绩在考生中也是比较高的。

那么针对选择学校之后的复习阶段,也和选择的学校有关。

我是差不多从 2018 年 3 月份开始学习,最开始就是笼统地复习数学和英语,数学最开始买的李永乐的复习全书,但开始看毫无头绪,就开始看着视频跟着把基础知识复习一遍,但大三下学期复习完数学大多数题还是不会做,这个时候更多是打好基础和学习的习惯。在大四上学期我就开始了数学强化的复习,跟着相关老师的讲解使复习更加有效,慢慢开始自己做题,数学最重要的是多练,自己就了张宇的 1 000 题一题不落地做,做得不好的地方就是线性代数部分眼高手低做得不多,导致最后考试时频频出错,所以,要记住数学一定要多练,而且也要做到整理,对自己那种掌握不好的做的不好的题整理个错题本,我也是在复习后期反复看错题本,对自己的不足加深印象。

英语主要是背单词,背了有三遍恋练有词,而且背单词要贯穿英语复习始终,在这推荐大家使用红宝书背单词。我一开始用恋练有词,但是很多单词还是过于简单和基础,相对考研来说不够用,所以用红宝书扩大词汇量很有用。此外在背单词的时候慢慢开始练习阅读,我买的是张剑的黄皮书,难度的话对英一英二都够用,做的时候要做到精读,把自己不会的单词句子都搞懂,因为最开始做这种难度的阅读正确率都不会太高,错的太多也不用太担心,主要是英语能力的累积和培养。我在复习英语的过程中把自己不会的单词整理在本上,这个很有用,在最后复习阶段的时候只用去熟记那些自己不会的单词,就会更加有效率且实用。

专业课的复习我也是在 2018 年 5 月份开始的,跟着网上公开课的视频把专业课知识在两个月过了一遍留下些许印象,对后期复习十分有用,整个专业课我复习了至少三四遍,就跟最初牢固的基础有关。在最初复习的时候不要过于紧张,每天坚持学习就够了,因为时间很充裕,战线拉得过长到后期也会十分疲惫影响心智。我在暑期就有差不多一个多月没有学习,但是都不要紧,在 8 月初返校后我就尽快调整自己状态,对于复习有了一定的计划。专业课也是一样，更要多下苦功夫多记，再对专业课买的整理资料复习两遍后就开始做历年题，专业课的历年题相当的重要，因为知识点只有那么多，考的也只有那么多，我就把所有十几年考过的历年题简答题整理下来，不过就五六十个，到最后就反复地背，背到每个题都滚瓜烂熟为止，所以才能做到带着自信走上考场。简答题和选择题也是如此，到后期几乎每天都反复写几套题的答案，整个历年题做了七八遍不止。

对于政治的话，自己的成绩还算不错，复习过程中就很有信心在 75 分左右，结果比较满意。我的政治复习比较早，差不多从 2018 年 9 月份就开始，最开始也是自己看书知识点，因为内容很多，我觉得政治的知识点看视频没太大用，自己就很仔细地过了一遍知识点。再就是反复做选择题，找出自己缺失的知识点再去记，我的政治 1 000 题也做了有两三遍。再后来看徐涛的刷题班很有用，教会我怎么去做选择题，提升很大。到后来每次练习选择题都能到 40 分以上，最后考研也在 43 分左右。还有就是分析题每个人发挥都差不多，能记的有限，就熟读肖八背熟肖四就足够，更多的重点是放在政治各个零散的知识点上。我就是用从网上找的政治整理资料比较全也比较简练，最后复习阶段就反复地去复习知识点就够了。



考试最重要的就是相信自己，你周围的人未必比你复习得好，所以也不要想着去看别人的。但是前提是自己复习的不错，要带着信心去上考场，才是最佳状态。考研是一个坚持的过程，只要能坚持下去，都能取得理想的结果，最重要的是相信自己。

**编者评语**

考研选择中，兴趣是重要因素，可能很多同学在高考填报志愿的时候对专业没有太多了解，所以读了兴趣不大的专业。那么在大学期间，除了兼顾自己本学科的课程，还要进行“自习”，自己思索未来的发展方向和道路，寻找自己的兴趣点。在大学生群体中，普遍存在找不到自身兴趣所在的情况，这个时候需要不断尝试，勇于接受新鲜事物，拥有坚定的意志与决心，付出实际行动。如果找不到很有兴趣的事情，那也是一件很正常的事情。针对大学生群体，年纪尚小，未来还有很长的路要走，脚踏实地过好每一天、做好每一件事，不可操之过急。很多同学也把考研当作是改变命运的机会，那么同学们究竟是想要一个怎样的命运呢？需要自己潜心思索，不断努力尝试，相信自己，脚踏实地地走向未来。

## 2.2.4　心路历程篇

### 纸上得来终觉浅，绝知此事要躬行

**个人简介**

朱振，男，材料科学与工程专业，2015 级本科生。参加 2019 年考研，总分 377 分，数学 114 分、英语 62 分、政治理论 69 分、专业课 132 分，考入哈尔滨工业大学复合材料研究所。

本人于 2019 年以总分 377 分考入哈工大复合材料研究所。由于能力有限，就粗略给大家讲一下我自己考研的一些心得。

首先，在我过来人的眼中，考研实际就是一场心理战，在考研成功这件事情上，心态占四成，实力占四成，运气占两成。由于运气是一件不可控事件，它包含了考场环境（当时我旁边坐了一位老兄，一直在咳嗽，考英语的时候基本没有停过，对我做阅读及写作文的思路影响很大），你复习的内容与考题的区间交集，当时的生理状态（我有一个研友，考试那天发烧呕吐，影响可想而知），复试的时候老师的心情（是否会为难你），当年的报录比等，所以这里就不多阐述，平常多做些好事，积点人品，锻炼身体，注意身体健康情况。接下来重点分析一下心理状态对一个人的考研结果是有多么巨大且重要的影响，有人可能疑惑这部分能占四成是不是太夸张了，我可以明确地告诉你，一点不夸张，甚至比重还要大。只要克服心理上的三座大山，考研也就成功了一半。



第一座大山是比较心理。在考研工作准备开始时，你会给自己订一个大体上的目标，三跨也好，考本校也罢。根据你最初选择的目标，你就会在心里安排各种时间计划，考 985 院校可能会三四月就开始学习甚至更早，付出的努力也会很大；如果选择考本校，或者同级 211，可能时间安排上就会轻松很多，暑假开始学习就晚不了，付出的努力比起前者要少很多。在这里，我需要给大家一个重要的提醒，首先要明白自己是什么级别，自己到底能吃“几碗干饭”，话糙理不糙，只有对自己有一个明确的认识，才能在之后的考研路上坚持到最后。其次，这里存在一个心理匹配误差的问题，就像前面所说的，订一个多么大的目标就要付出相应的努力，很多人在这里会犯一些错误。我来举个例子，比如有两个研友，A 要考清华北大跨专业，B 是想考本校本专业，跨度的难度就不用我多说吧，A 为了他的目标每天起早贪黑去学习，各种紧张。B 则是每天睡到自然醒，想学就学，很随意。A 看到 B 每天那么轻松，虽然意识到两人目标不同，但还是心理上不舒服，学习上会慢慢地放松。而 B 看到 A 每天那么刻苦，便会深深地自我怀疑，到最后会产生一种退缩害怕甚至放弃的情况。这里给我们的教训就是找研友一定要找一个目标相近的同学，这样两人相互督促，努力值相匹才能发挥正向效应。

在考研学习的过程中，心理上的第二座大山就出来了，很多人都是被这座大山压垮而放弃考研的，那就是懈怠心理。我当时也是差点死在路上，在我浑浑噩噩地混日子的时候，偶然在洗手间看到的一句话让我幡然醒悟：你配不上自己的雄心，还辜负了曾经受过的苦难。是啊，花父母的钱买了那么多资料，向朋友同学吹嘘自己要考的目标院校，每天图书馆食堂寝室三点一线，到头来却因为自己的懒惰而最后放弃，真的像极了懦夫。这里我并不是说让大家每天都要很紧张地去学习，其实考研最后的结果并不是你每天早起一个小时去学习，吃饭少吃十分钟所能改变的。相反，我更推荐每天睡到充足（这里是指在昨晚没熬夜，张开眼就马上起床洗漱的情况，再嗜睡 8 点多也应该睡醒了）以充沛的精力去学习，而不是因为睡眠不足在那里浑浑噩噩地混时长，自以为每天学的时间很多，最后实际学的效果还不如比自己少学两个小时的同学。除此之外，别把考研看成争分夺秒的事情，偶尔有天状态不好的时候，可以在寝室多睡一会儿或者玩一会儿，但是要必须保证每天都要去学一会儿，千万不能断了片，你可以学的时间不多，但每天学习的习惯不能丢。每天都要去学习，细水长流不是没有道理！

心理上的第三座大山，怀疑心理。这是每个坚持到最后的考研人都要去面对的，谁都没有把握自己学的这些能够稳稳地考上，即使是学得再充分，心理再强大，都会普遍陷入一种自我怀疑的状态。常见表现:哇,好多没学的,学不完了,考不上了,别人准备的肯定比我好,心态炸了,不想学了,反正自己也考不上了(一位老兄考前说了这些,回头就考了专业第一……)这是很正常的表现,潜龙在渊,每个人在没有到最后结果出来的时候,都不知道自己的水平在报考的这些人中排一个什么样的位置,这种不安的情绪会随时间的逼近慢慢发展成不自信、自我怀疑等。这时候就应该做到两耳不闻窗外事,一心只读圣贤书,把自己加的考研群统统屏蔽,任尔东西南北风,我只要把自己能做的都做好就可以了。

心理上的三座大山论述完了,关于学习方法上,由于本人能力有限,就不误人子弟了,我始终认为适合自己的才是最好的,没有最好的学习方法,只有会不会学习的人。适合用哪本辅导书,网课选择跟哪个老师,还是需要大家多去了解了解,实践实践,知乎上、贴吧上,关于这方面的问题一搜一大把,讲的也都很详细,大家自行了解。

纸上得来终觉浅,绝知此事要躬行。其实说的这些有用也无用,人活一世,路是自己选的,步是自己走的,考研成功与否都只是过眼烟云,不必纠结,不必感怀。一个人最后的事业有多大,并不是考研决定的,而是取决于自己的人生格局。最后祝大家都能有一个满意的结果。

**编者评语**

在考研过程中,心态问题是一个重要的问题。那么如何坚持保持好的心态呢?根据每个人的实际情况,可以说一直保持好心态的人是几乎没有的。那么调整心态就是尤为重要的。主要产生问题的原因是,努力与目标不匹配导致的心理变化;随着时间变化引起懈怠导致的心理变化;考研末期的自我怀疑心理。针对以上问题,编者认为,首先制订适当的目标,为目标做出相应的努力,坚定自己的想法,这个时候多想想达成目标之后的快乐也许可以帮助渡过难关,同时多与其他同学沟通倾诉互相鼓励;随着时间的变化,针对考研需要制订计划的同时也需要考虑各种突发情况,适当有一些调味,例如坚持锻炼身体等,并且这时候也需要家人的支持与鼓励;在考研报名到考研之间也有几十万人会放弃考研,唯一能做到的就是不放弃自己,到考研的时候可能很多同学还是觉得自己有很多没有掌握的内容,只能是尽量多掌握,坚定地复习和参加考试。这位同学主要是坚持的心态,从始至终,注意调整自己的心态,相信坚持到最后总能取得好的结果!

## “学渣”逆袭

**个人简介**

张超,男,材料科学与工程专业,2015 级本科生。参加 2019 年考研,初试分数为 391,英语 78、政治 69、数学 121、专业课 123,考入西北工业大学材料学院。

作为 2019 年考研洪流中的一粒“尘埃”,心里一直被忐忑、焦虑的情绪所充斥,但走完这段旅程后才知道这是一段相当值得回忆的旅程。

1. 原因与开端

废话不多说，我是哈工程 2015 级的一名学渣，本科期间成绩处于中下，喜欢打游戏、听歌，偶尔还喜欢打打篮球，但在对待考研时“忍痛割爱”。2018 年 3 月初，一个对于考研人来说还相对较早的时间，我和大多数人也一样，刚过完寒假，浮躁的心完全沉淀不下来，于是开学 3 天内一直打游戏，想玩什么玩什么。但寝室一名跨考经济方向的室友，一句话也没多说。就这样，我去网吧打游戏，他在寝室学习生活模式持续了 3 天。我在晚上入梦后，后背冷汗冒起，想到自己入学的时候老师的一句话：“你们会经历的 4 年相同时长的大学生活，但 4 年后你们会意识到，人和人的区别会多么的大。”我当时还不以为然，但那天晚上，我却仿佛能看到多年以后无比后悔的自己无助地幻想着别人的生活。因为差距已经开始萌生了，我室友便是我可能幻想的对象。经过很简单的思考，我仿佛觉醒了，我开始早上 7 点起床，晚上 11 点回寝，过着一天至少 12 个“有效学习时间”的考研生活。



此为我考研的原因和开端历程，目的是提醒各位学弟学妹，想好自己考研的原因，定好目标直接去执行，考研不是我今天该选清华北大呢，明天决定跨考呢，还是继续就读本专业，定目标在每晚的休息时间完全够了。况且 6 月份之前主要任务是学习数学和英语，如果你不是跨考，奉劝各位不要把时间浪费在这里。我上文说到的“有效学习时间”并不是危言耸听，态度和状态很重要。其中重要的一点就是手机好像绊脚石，晚上回寝手机至少还剩下一大半电量才好，尽量抵挡住玩手机的诱惑才好。

2. 计划和行动

3 月份的开端开始了，但这并不意味着只要每天坐着学习就行了。你需要给自己制订星期一到星期日的工作任务表，做到心中有数。因为是一战，所以时间被占用很正常，也因而导致星期一到星期五会有课程和别的东西，我会把自己“欠”下的账留到休息日去完成。无规矩不成方圆，数不清多少个夜晚街道上只有自己孤独的身影，我却为自己感到自豪。因为我坚信，成功会属于我，我一直以此勉励自己。到了 4 月清明节，我已经刷完张宇的基础班并且做完了汤家凤 1 800 的基础部分(张宇 1 000 题上架比较晚)，之后一段时间里的事情大同小异，我就不做赘述了。

此为我考研的计划和行动，目的是告诉各位学弟学妹，怎样的人生是自己选择的，从来都是自己选择的。考研，效率至上，一天比拼坐在自习室多少时间一点意义都没有，每当到月底时，你是否能够问心无愧，完成自己定下的目标才是你们应该追求的事情。

3. 作息与安排

讲完这些，到了作息安排问题了。我和其他复习考研的同学也没什么不同，只强调一点，每天都要认真去进行每一项任务，时间不够就“雨露均沾”，重要的不是每天给计划打卡，重要的是你对自己大脑的记忆“打卡”。“起来太晚了，算了不去了”这种话我一次都未曾说过，我起晚了会说“去了学 1 个小时也行”“去了怎么也比不去强”这种话。

到了 6 月份，我开始加紧复习专业课了，不过意料之外的是，我复习西工大 841 专业课时才知道这是一门专精计算的一门科目，意识到起步晚的自己开始赶工，从 7 点起改为 6:20 起，从晚上 11 点回寝改为 12 点。没错，我开始提速了。长跑比赛最忌讳后劲不足，考研亦如此，但我自己早已经做好心理准备，所以开始了“逮虾户”般的弯道超车。

对于科目安排，你们也可以参考我的时间安排，3 ~ 6 月份，每天数学 10 小时、英语 3 小时。数学看完张宇基础班开始做汤家凤 1 800 的基础部分，然后看张宇提高班和做张宇 1 000 题 AB 组的题。英语建议单词每天 300 +，有兴趣可以看看唐迟的阅读理解后再做真题，也可以直接做，当然每一年真题都要做好笔记，写到自己的本子上，不要画在卷子上。专业课各不相同，我就说说我的西工大 841 吧。首先是目标院校的参考书目，书和习题一定要踏实过一遍，切不可急于求成，我做完这些都到 9 月底了，才开始刷专业课的真题，不过最后我刷了 3 遍书上课后题和 12 遍历年真题，上考场 1 个半小时答完收工了，当然 30 分的大题，题型没见过吃亏了只拿了个位数的分。

政治嘛，大家都选肖秀荣。

最终，我的初试分数为 391 分，英语 78 分、政治 69 分、数学 121 分、专业课 123 分。每门课都中规中矩，数学和专业课有点小炸。不过不碍事，我顺利地通过了初试环节。至于复试，我想各位如果真的过了初试，这些都不过是浮云罢了，想明白自己想要的未来，为之奋斗吧。借用网王一句金句：你还差得远呢！



**编者评语**

考研故事中，有很多学渣逆袭的故事，文中的同学也自称是"学渣"，但是我们看到他的计划清晰、行动踏实的复习过程。本质上，这样逆袭的学渣本质上可能是一个学霸，只是之前有一些放松，在大学期间没有好好学习，但是也不至于被降级退学，到后来开始思考以后的出路，准备开始考研，按着自己的目标努力学习。这可能也是平时那些比较聪明的同学，在学习的时候主要是效率高、脑子清楚、思考问题清晰、做事果断、做事心里有数。在文中提到重要的部分是，不要在复习的时候惦记玩手机，这是非常重要的一点，也不要以学习为由带着手机，这样也容易控制不住自己被手机分心。对于每天的作息时间，其实也是因人而异。由于一般考研要考四门课，所以每门课的安排也很重要，其中开始的时间，每天复习多少，每天复习多少时间，都需要安排，并且尽力完成。这位同学的心态主要是坚定地准备考研，积极自我约束。所以在考研过程中，拥有一个坚定的心态应对考研过程中的变化是非常重要的。

## 2.3 申博故事篇

### 申博之路走向故乡

**个人简介**

陈毓洋，男，腐蚀科学与表面技术研究所，2016 级硕士研究生，材料科学与工程专业。现已被上海交通大学材料科学与工程学院录取为博士研究生。

我叫陈毓洋，本科和硕士均就读于哈尔滨工程大学，在毕业之际很荣幸地有机会申请到了上海交通大学的博士学位，我来简单介绍一下我申博的过程。

2018 年初的时候，我的导师把我叫到了他办公室，问我是否愿意继续跟他攻读博士学位。其实在哈工程我过得十分开心，导师对我也十分照顾，但是作为一个南方人，在哈尔滨待了几乎 6 年了，我十分想回去。就直接跟导师说，我想读博，但是我想回到南方去，因为想家了。这里需要告诉所有想要攻读博士学位的师弟师妹，硕士导师对于你攻读博士学位十分重要。一般来说，你要是比较出色，导师都愿意继续带你读博。这里就会出现你本人并不愿意继续留在硕士学校攻读博士学位的情况，这时候应该直截了当跟导师交流，告诉他你的顾虑及想法。导师们大多数都是十分善解人意的，比如我的导师。我老师在知道我想法之后，也没有多说啥，就给我推荐了几个南方专业不错的院校，说他愿意帮我写推荐信。导师的推荐信是申博必不可少的，尤其是硕士导师对你的评价直接影响到你申博的成功与否。很幸运，我的老师对我很满意。我跟他说，我想去浙大、厦大或者宁波所。我导师想了一下，说你可以去试试上海交通大学。之前我没有了解过上海交通大学我们这个专业的情况，导师跟我谈论了一个下午，最后在他的劝说下我决定去试试申请这个学校。

这里先说一下，现在国内大多数名校博士基本都已经取消了考试制度，博士申请都以申请考核制为主。一般来说，诸如清北浙交复这类学校，都对你本科硕士出身有要求，诸如必须 211，985 之类的。幸运的是我满足了本科的条件，比较不走运的是我的硕士还是 211，而交大的材料系要求硕士必须 985 以上，这让我十分担忧。导师跟我说，可以尝试一下发挥自己的优势，做一个比较出色的简历去联系导师试试，万一成了呢。我后来回顾了一下我硕士期间的科研成果，当时一篇 ECS 见刊、两篇 SCI 在投，手里还有一个简历，若干会议报告经历。我觉得这大概是还算不错的经验了。后话是，在我录取后交大那边导师跟我说，他之前接到了一个 5 篇 SCI 见刊的学生的博士申请，不过他把他拒绝了。后来想想，其实文章数量固然是一方面，但是你自己的特长以及专业程度才是决定你是否能够申博成功的关键因素。我硕士做的是镁合金表面处理这一方面，而交大申请博士的那个组也是做镁合金的，并且正好他们也有想进军防腐蚀领域的计划，后来想想大概是因为我对口的专业促成我能够成功找到导师的缘故吧。就是说，你在申博的时候需要找一个专业对口的，或者你的专业正好是对方发展需要的，这样子再加上你不错的硕士科研经历及成果就会让你更有竞争力。至于怎么样寻找对口专业的老师，或者对口专业的课题组，大概主要有两种方式，第一是自己联系寻找，从学院网站、出席学术会议等等。我自己虽然也曾广投简历，但是很遗憾我当时并没有找到愿意接受我的导师，因为学院网站更新的信息可能稍有滞后，并且仅仅从网站上的了解可能不够充分，成功率可能比较低。这种方法效率低下，而且成功率也不高，但是这毕竟是我们靠自己能做到最好的办法了，不试试怎么知道不行，万一呢，不是吗。第二种方法是通过师兄师姐，甚至是导师给你推荐介绍。中国某个研究方向的圈子就那么大，往上追几代大家都是同门师兄弟。找读博的，或者工作的师兄师姐打听是否有合适的博士专业，这是行之有效的方法。还有就是通过导师，因为导师毕竟有着比你更加广阔的人脉及视野。导师都是挺愿意推荐你往更好的学校进行深造的，毕竟他自己门下的弟子出色，不也代表他自己出色吗。不过这里有个前提吧，就是硕士不能碌碌无为，要有一定的科研能力的积累。还有就是提前跟老师沟通好，导师一般情况下可以进行一些指导工作。

总的来说，申博第一步是寻找合适的学校专业。这方面的信息采集是自己寻找、师兄师姐推荐，导师推荐，尤其是后两者可以保证你找到最新的消息。当然，这只适用于你并不打算转专业的前提下。此外，硕士期间尽量多的科研成果能够保证你的竞争力，同时硕士期间一定要多和硕导交流。把自己的打算跟老师说，方便他能更好地指导硕士期间的学习和进行以后的推荐工作。

磕磕绊绊在交大找到愿意接收我的导师，我感到十分幸运。不过过了一段时间我导师跟我说，交大硬性要求硕士 985，当时心里一紧。后来也很幸运，交大那边让他填了一个非优质生源申请表。其实我当时挺郁闷的，莫名其妙还没入学就低人一等了。我导师跟我说，非优生源过面试可能要难一点，而且淘汰率也会更高，叫我好好准备。郁闷归郁闷吧，我怎么着也有机会进行面试吧，总比没有机会进入复试来得强，大不了人家拿 80 的我拿 95 好了。抱着这样的心态，我进行了复试的准备。交大复试分成笔试与面试两部分，笔试不用多说，大同小异。主要在面试上，硕士期间就被教育，面试要提前做好准备。不打没准备的仗，因为复试通知上并没有说明是否要 PPT，而且 PPT 的时长，或者屏幕比例 16∶9或者 4∶3也没有提及。我就不厌其烦地给招生办发邮件，电话骚扰。运气挺好，没多久这方面的信息就都全了。我后来觉得，这大概也是我面试发挥比较出色的缘故吧。后来面试的时候，很多人面试时间完了 PPT 都没说完，或者 PPT 的版式不对，导致 PPT 很丑。大概机会就是会给有准备的人吧。

关于复试，主要强调的还是 PPT 的制作，PPT 的长短一定要控制，此外也要分清你的 PPT 的受众的不同。不同于专业学术会议或者组内汇报，面试老师的知识背景是材料专业，但是他对于你的课题的专业背景不一定了解。PPT 不能做得太生涩。很多的面试时候那些老师根本没听懂上面的学生在说些啥，那也更谈不上对你的工作进行有针对性的提问。后来 PPT 改了又改，并且对自己的演讲时间进行了严格的控制，面试表现得还不错，组内第一的面试成绩真的让我很开心，不枉我那么认真地准备。面试的时候要求英语文献的翻译，得亏我英语水平还不错，除了口语垃圾了一点以外也还行吧，马马虎虎过关了。老师的提问啥的我没有准备，兵来将挡，水来土掩。事实证明我专业素养还算可以，没有被问得太难看。切记面试漫天吹。事后回想我当初其实英语翻译，专业问答也就是中规中矩吧，之所以后来面试成绩不错大概是我 PPT 的功劳吧。

进复试需要靠提前联系导师，进了复试以后就要靠自己。还是那句话，有备无患，准备好 PPT 总不会错，把握细节注重自己能力的体现，下场都不会太惨的。

以上大致就是我申请交大博士的心得了，你的核心竞争力要体现，博士看重的是能力与他的诉求是否匹配，以及你是否能够完全地表达自己的能力。当然，英语面试时口语是一切的前提，后悔当初没有好好练口语。十分谢谢哈尔滨工程大学，我觉得我最开心地是证明了工程学子不比别人差。出门在外自己代表的就是自己的课题组、自己导师、自己学校的颜面，幸运的是我没有丢人。

**编者评语**

关于攻读博士学位，申请人自己要想清楚，究竟是否要读博士，毕竟博士研究阶段是需要强大兴趣的，并且在进入博士阶段之前就需要对自己以后的研究方向和框架有一些基本设想。

硕士阶段可能还是实现老师的想法，而博士阶段对于发散的实验思路、实验技能、实验设计、研究方向的交叉等都有一定要求。再有，就是一定要与自己的硕士导师保持良好的关系，陈毓洋同学能够到上海交通大学读博，导师推荐也至关重要。硕士阶段积累的经验、本人的英语水平也是重要的个人素质。这位同学在硕士期间拥有了一些 SCI 论文和会议论文，并且其导师认为他具有读博的资质，加上个人的努力最终得到了攻读博士的机会。他的努力和细心值得同学们学习。

## 申博准备事项多



**个人简介**

冯艳，女，金属材料研究所，2016 级硕士研究生，材料科学与工程专业。现已被哈尔滨工业大学材料科学与工程学院录取为博士研究生。

经过硕士阶段的学习，萌生了申请读博士的想法，在准备申请博士之路上有很多要准备和权衡的地方，这里和大家介绍我的申博之路。

首先，申请博士时需要对目标院校有深入了解，比如哈工大材料学院招收博士采取申请考核制，哈尔滨工业大学在世界大学工科类专业排名中名列第 7 位，世界大学工程研究影响力排名第 3，中国 C9 联盟高校成员，国家 985 工程重点建设高校。哈工大目前为一校三区办学格局，拥有哈尔滨校区（一校区、二校区）、威海校区及深圳校区。哈工大博士招生由哈工大研究生院统一组织，每年 9 月和次年 3 月各有一次招生。9 月份招生为面上招生，将占据大量的招生名额；次年 3 月的招生为补充招生，名额较为紧张。有关博士招生的信息，请经常查看哈工大研究生招生网：http://yzb. hit. edu. cn/。博导的介绍与联系方式可以从哈尔滨工业大学官方网页获取：http://www. hit. edu. cn/263/list. htm。

联系导师前，请对导师的研究方向有所了解，并对导师发表的文章进行检索和阅读。联系导师时建议优先通过邮件与导师进行沟通，相互确定意向后再通过工作电话或手机联系交流。

关于英语一定要过关，英语六级高于 460 可以免试。满足以下条件之一的申请者，可以免参加外语水平考核，全国大学外语六级考试成绩达到 460 分及以上；TOEFL 成绩达到 80 分及以上（IBT）；IELTS 成绩达到 6.5 分及以上；GRE 成绩 300 分及以上（新）；GMAT 成绩 650 分及以上；WSK（PETS－5）考试合格；全国高校外语专业八级考试 TEM－8 合格；本科或硕士阶段获外语专业学位证书或毕业证书；在国外有 1 年以上（含 1 年）全日制学习经历（报考语种为当地主要日用语言和授课语言）的人员，该部分人员需提供国外学习经历的证明和成绩单。

关于论文，质量一定要好，尽量都是一作，对于自己的研究内容，去解决什么实际问题一定要清楚，面试的时候可能会被问到，在回答过程中不仅可以体现出硕士阶段的研究内容，也可以展现个人风采。

关于自己本身的学校，985，211 学校本科出身还是很占优势，虽然大家现在提倡要看个人能力，不要专注学历，但是等你考试面试的时候就会知道，这些都会给你加分，或者从根本上决定你有没有资格参加这个申请考核制度。

提前联系导师，这个是最最重要的！一定要在申请考核之前几个月，就和你想报的导师联系好，看看你们的方向是否一致，不一致的话，这个难度就真的成指数上涨了。

另外，北方的学校比南方的学校好申请，如果条件一般可以试一下北方的学校，竞争压力会小一些，特别是近几年都缩减名额了。

《攻读博士学位期间拟进行的科学研究设想》的写作经验：大家一定要纠正一个想法，就是“这些材料没人看”“博导才懒得看写的这又臭又长的东西”。哈工大的初审很不好过，许多人因为材料不过关被淘汰。研究生博士招生委员会的大领导们对这些材料非常重视，同时这个材料也是博导对你自己能力的一个考察：看你是不是有科学的思想、科学的脑回路、科学的写作方法和对本领域内容的认识等，所以大家一定要重视起来。



首先是材料的结构。我写的科学研究设想总共分为四大块：一是拟选择研究方向的理论意义和应用价值；二是拟研究方向的研究内容与技术路线；三是课题工作进度及安排；最后还有一些参考文献。下面我将针对前三块内容进行详细的阐述。

1. 拟选择研究方向的理论意义与应用价值

(1)拟选择的研究方向：就是把你的选题名字写上去。

(2)选题依据：这里就是类似于文献综述。首先把有关于这一选题的文献进行总结、分析，然后得出结论——“本选题具有重要的科学意义和工程价值，因此便以该选题为拟选择的研究方向”。

注1：这一块内容应该与硕士开题报告的第一部分类似，可以参照其内容。

注2：关于文献综述，如果你没有精力通读博导的论文及了解该领域探究方向的发展现状，可以参考百度学术通过搜索别人写的综述选择课题。

注3：要注意内容一致、连贯、合理、通顺，不能牵强附会。

2. 拟研究方向的研究内容与技术路线

(1)研究内容：这里就是你所选择的课题所面临的发展趋势。肯定啦，要是不研究前沿科技还读博士干啥呢？如果你对本领域的发展趋势不了解的话，那就还是借鉴：上一节所提到的综述中肯定会有关于该领域的发展趋势，可以把其中适合的部分加以阐述。

(2)研究目标：实现上述发展趋势中的所提及的内容。一般要有多个目标、层层递进关系。

(3)可行性分析：首先表态“本课题是切实可行的，主要体现在”，然后就开始对你这几年所做的在本领域内的成果进行总结，在国内外发表相关文章、专利，总结前人工作，等等。

(4)拟解决的主要问题和技术难点：这里就是你所选择的课题所面临的挑战与难题。肯定啦，要是不研究挑战和难题还读博士干啥呢？如果你对本领域所面临的挑战和难题不了解的话，那就需要借鉴之前阅读的文献。

(5)拟采用的方法和措施：那就是技术路线了，各个专业的技术路线不同，主要写准备怎么研究课题，怎么实现目标，写详细一些，要切实可行。

3. 课题工作进度及安排

(1)预期研究成果：①学习内容；②将学到的内容应用到实际；③计划发表多少论文及专利。

(2)年度进度安排:就是时间进度表,需要根据自己的研究内容技术路线自行制订。

然后就是参考文献。注意参考文献一定要是在前文中引用过的。

面试考核内容分为如下三项。

①英语交流(对话或自述,包括自我介绍、家乡介绍、兴趣爱好、科研课题意义、科研工作总结、学术论文亮点等)。

②学术水平(有学术成果的通常考核学术成果,无学术成果的通常考核专业知识;无学术成果基本不会通过材料初审,后半句适用于本校推荐读博及硕博连读学生)。

③综合素质(无单项考核内容,通常涵盖在前三项问题中)。

考核内容 1:基础理论、专业知识和知识结构。

考核要点:通过对考生的毕业学校、学习经历、学习课程和学习成绩等进行评价。

考核内容 2:科学研究能力和创新能力。

考核要点:通过对考生参加工作的经历、从事科学研究的经历、开展硕士学位论文工作、参加的科技竞赛活动及取得的工作业绩和科学研究成果(发表的文章、撰写的研究报告、申请的专利等)等进行评价,特别注重考核考生在以上工作中具体负责的事项和解决的问题。

考核内容 3:外语应用能力。

考核要点:通过考生已经取得的外语水平考试成绩(托福、雅思、四六级、考研成绩等),阅读外文文献的情况、撰写过的外文文章及与考生进行面对面的外语的交流等进行评价。

考核内容 4:综合素质和培养潜力。

考核要点:通过考生在学习、工作和生活中的一些情况,以及考生的特长爱好、参加的社会实践活动等,考核了解考生做事的专注度、积极性、刻苦努力程度、团结协作能力、独立思考能力以及对新知识的学习能力等,同时应特别了考生对本学科的兴趣、攻读博士学位的动机及攻读博士期间的设想等。

我所描述的过程是一些总结,申请博士是一件人生大事,需要准备和研究的东西很多,希望此文对申请读博士的同学有所帮助。

**编者评语**

这位同学对申请博士的过程进行了总结,其中的内容都很简明扼要。对于目标院校的情况要了解清楚,如校区分布;目标院校的信息收集,这位同学采取的方法是在目标院校网站上寻找信息,由于学校都在哈尔滨所以可能在日常生活中了解得比较多,相对于选择南方的学校难度会小一些;对于英语能力进行了详细罗列,对于申请博士相关材料的准备,撰写细节问题总结;接下来就是面试考核的内容,这需要耐心细致的准备,这个时候每个人的情况也不同,需要保持一个好的心态,参考相关的材料准备规范的申请材料和面试材料。这位同学在搜集信息和整理材料的细心和耐心是值得大家学习的。

# “坚持、乐观”申博路

## 个人简介

王志伟,男,海洋先进材料研究所,2016 级硕士研究生,化学工程与技术专业。现已被厦门大学化学化工学院录取为博士研究生。

由于近年来各大高校博士招考方式基本都改变为申请 - 考核制,且博士复试时间集中在10 月到第二年 4 月之间,申博和找工作时间会冲突,所以我当时很纠结,因为当时自己并没有 SCI 论文的学术成果,申请结果可能不理想,准备博士报考就意味着基本放弃找工作,但挣扎再三,出于对学术的追求,我还是决定申请博士。在这里要十分感谢我的硕士导师,在我决定读博时给了我很多指导和论文写作方面的帮助。下面是申请博士时的准备,希望能对各位有所帮助。

1. 申博的准备工作

决定申博之前最重要的一条是要弄清楚自己的职业生涯规划,如果仅仅是为了逃避就业难的话,那么这无疑是在给自己未来的人生道路挖陷阱。博士生是万万不可抱着浑浑噩噩的心态毕业的,因此是否愿意并能静下心来从事研究是做决定的最重要的特质。

现在大部分学校对申请者要求一般都不是特别高,大部分的要求仅仅是六级过 425 分(部分要求分数高一点,但是不达标一般也都有全校统一组织的英语考试,合格后也给复试机会,难度一般六级难度,考研题型)。

当然这里有一个大部分同学都害怕的东西,就是 SCI 论文,这也是当初我纠结的。在这里,因为我申请过 3 个学校,我觉得我比较有发言权,对于招考规章里没有要求 SCI 论文的,文章不是必需的,只要你有能力导师和考核组对你满意也可以,但是对于大部分人,文章确实是必需的。因为申请者大部分表现几乎都在同一水平,而 SCI 论文是直接算在博士申请材料加分里的,如果文章很多,确实很有优势,如果没有文章,申请材料就要好好写了,详细说明你的研究经历,思路,与博士导师的契合度及博士期间的研究计划。不要以为其不重要,最好让导师给指导一下。

申博第一项工作是要选择一个自己喜欢的方向,最好是跟你硕士方向相近,因为博士是不可能普普通通混毕业了,博士方向很大程度会影响你毕业后的方向,如果只是单单是选择一些好发文章而偏离你很远而又不喜欢的方向,博士期间可能会很压抑。当然,更重要的是导师,因为现在博士申请往往是根据报考的导师进行复试,相互之间很难存在调剂这一说,所以说前期一定要联系好导师。一般各个学校官网上都会公布博导的联系方式,这时候就要慎重选择,主攻哪几个,备选哪几个。请大家务必注意这一点,因为对于录取与否的决定因素不是别人,而是你所选择的导师。首先,你得知道这个导师的研究方向,他本人的知名度、公平度。其次,是一定要弄清楚这个老师今年是否招生,以及是否有内定候选人的倾向。尤其大部分普通博导隔一年才会有 1 个博士名额,有些上升期的一年也只有 1 个名额,长江杰青优青一类的大牛一年也顶多就 2 个名额,十分有限。在申请时最好能跟老师确定,例如确定近年确实有名额,最好能打听好有几个学生竞争。现在存在这样一个现象，你可能专业复试成绩达到录取线，但是在报考该导师的学生中排名不是第一，进而录取不了的情况。当然，如果铁定认准这个导师，觉得今年没有机会，也可以申请去该导师实验室去做一段时间科研助理，这样下一批机会也比较大。总而言之，导师一定要联系好。我 2019 年之所以报了北理工、厦门大学、南开大学三个学校，主要就是因为在报考导师时失误了。因为 SCI 论文和毕业论文书写，我能申请的学校很有限，准备得有点晚，12 月份文章才出来，之前很多学校都没达到要求。当时厦大正好是一个末班车，还有 5 天报名截止，我就抓紧联系导师，好在赶在了最后，幸亏之前提前准备好了申请材料，赶在最后一天把一本书那么厚的申请材料寄到了。

2. 备考

因为各个学校的复试流程都不一样，有些可能会有笔试，中科院系统的肯定有笔试，有笔试的肯定要好好准备，白纸黑字的东西导师决定不了。但我报考的三个只有复试。其中北京理工因为我六级没有达到 550 分，进行了英语加试，难度大概要在考研难度，题型与考研相近，我考前刷了 2018 年以前的考博真题，感觉如果不练习过的难度也不小，厦门大学有个 1 小时小翻译，3 段选一段，完全专业英语，一个化工模拟的、一个催化剂的、一个生物那边的。



复试部分一般分为外语部分和导师提问环节，外语部分形式比较多样，比如北理工会以 PPT 形式现场给一张幻灯片形式的专业英语让你翻译，南开大学和厦门大学老师会跟你常规英语交流，让你英语介绍毕业论文。导师提问环节一般会让你先介绍你的毕业论文（注意不是你发表的论文，一般 SCI 论文分算在初审那，复试主要看你毕业论文），注意这里一般是 PPT 形式，PPT 尤其要好好做，南开大学就因为我 PPT 做得不好就刷掉了我，这一块一定参考好相关的格式规范，图文并茂，因为导师大多跟你方向不一致，他们听不懂就认为你也不懂，讲不清楚。准备学校方面，最好认准一个学校，好好准备，准备多了忙不过来，复试申请材料写起来是很需要斟酌的，而且一般时间都比较紧，各个方向都准备很容易准备不来，如果没有 SCI 论文的话，可以多参考几个学校。而且很多学校是初试时就要体检，还有的学校是初试和复试一起进行。这些安排都要耗费大量的精力和时间。因此，如果报考过多的学校，自己可能会顾此失彼，最后一无所得。

3. 备考心理

和考研一样，情绪因素是一直伴随考试的。我所能强调的就是坚持、乐观。在这里给大家介绍一个我应对心情低落的一个方法——勇敢地当“祥林嫂”。什么意思呢，就是要把心理的不畅快吐出来。我报考的三个学校情况都不妙，几乎都有内定的人选，可想而知我的心理压力是多么的大。在这种情况下，我采取了充当“祥林嫂”的角色。我见一个人（当然是关系比较密切的人）唠叨一次自己的处境，换取别人的“同情”，并趁机“榨取”别人的安慰与鼓励，以增添自己的信心。被我唠叨的人有我的舍友、我的同门师兄妹、我的导师、我的父母，我得到的无一例外的是鼓励与加油。考博是一场自我较量，你坚持住了，你就赢了。

4. 回想自己的考博之路，感慨良多，也颇有心得

考博的目的最好单纯一些。如果是出于对所报考专业的喜爱，则在复习和考试过程中要轻松很多。博士考试重点考量的是考生在专业方向上的综合素质和知识积淀。对于导师的研究方向一定要熟悉。就学习本身而言，博士研究生不同于硕士研究生和本科生，导师在学生的学习中扮演着更为重要的角色。熟悉导师的研究方向和学术观点对于备考极为重要。心态和

态度一定要端正。心态端正就是说不要过于势在必得,因为博士考试和录取的决定因素是综合性的。态度端正就是不要试图投机取巧。

**编者评语**

没有 SCI 论文对申请博士来说无疑是困难的,对于这位同学,他一边准备论文,一边申请学校,压力也很大,好在坚持努力最后有所回报,准备好了材料、准备好了论文,在时间上也有一些运气,及时联系了学校和老师,重要的是心态上一直保持“坚持、乐观”,经常与其他人沟通。这样好的心态是值得大家学习的。并且文中提到了为什么读博士这个问题,热爱科研当然是必需的,愿意从事科学研究、并且具有科研能力是十分重要的。当然,不光在申请博士的路上心态上一直保持“坚持、乐观”,在攻读博士学位的过程中也要保持这样的好心态!



## 申博——继续科研之路

**个人简介**

赵旭腾,男,无机功能研究材料研究所,2016 级硕士研究生,化学工程与技术专业。现已被上海交通大学机械与动力工程录取为博士研究生。

本人是 2016 级化学工程与技术专业的一名学术型硕士研究生,成功申请到上海交通大学机械与动力工程学院攻读博士学位,我的专业是动力工程与工程热物理。在此,我简单地分享一下我的申博经历及这个过程中的心得体会,希望能够对下定决心走科研这条荆棘之路的师弟师妹们有所帮助。

先简要介绍下我自己的专业和科研情况。我的专业是化学工程与技术,主要研究 SCR 脱硝催化剂,这是一个比较古老的研究领域,偏应用,比较冷门,但近年来随着国家对于环境保护的重视,也算有点起色。我在硕士阶段发表了两篇影响因子 3.0 左右的 SCI 论文,期刊按 JCR 分区为 2 区,中科院分区为 3 区。虽然不优秀,但就我的研究方向而言,勉强过关。大家可以结合自己的专业情况做一个参照,心中有数。

接下来谈一谈研究方向的选择。读博士不同于硕士,需要你在有限的时间里做出一定水平的科研成果,这就要求你对于所从事的研究领域具备一定的科研认知及科研水平。所以一般来说,如果你想在读博期间换研究方向甚至跨专业是很难的。其次,专业叫什么不重要,你去了做什么才重要。我本身是化学专业的学生,却最终去了机械学院读博士,很大程度上是因为我硕士阶段的研究内容和我申请导师进行的科研项目有很大的相关性,所以就我个人体会而言,攻读博士很难跳出你硕士阶段的研究领域,且大部分导师招收和培养博士生是为自己的科研项目服务的,如果招来一个对自己研究领域完全不懂的学生,开展工作很是费时费力,所以除非很特殊的情况,不要考虑换研究方向。

申博和找工作是一个道理,首先需要结合你自身的情况及未来的打算,确定适合自己的高校，专业及研究方向，然后利用你身边一切资源，去联系同意接收你的老师。记住，一定要早。近几年硕士研究生比例大幅增加，相信随着社会对于学历要求的提升，不管是现在还是以后，选择读博的人会越来越多，竞争的人也就越来越多，所以如果你有了想法，一定要尽早联系老师。一般大概至少提前一年左右，就应该关注你想去高校的招生信息并尝试给老师发邮件。发邮件的时候注意以下几点：首先，要介绍清楚自己的个人情况及读博的想法，注意语气措辞，并附上一份详细的主要以自己的教育科研经历为主的个人简历（不要写太多和科研无关的内容），让老师充分地了解你的科研能力；其次，科研的道路不会一帆风顺，要坚定地表明自己准备读博并跟定这个老师的决心；最后，努力争取能够拜访老师并和老师面谈的机会，发邮件的语言中要尝试询问老师的态度，一旦争取到面谈的机会，就说明老师对你比较感兴趣，一定要去，此时你已经成功了一半。另外还需注意的是，申请读博也是一个老师和学生双向选择的过程，所以你的内心不要一开始就把老师放在一个高高在上的位置，要具备平等的心态，尝试多联系几所目标学校的老师，结合自身实际情况择优选择。当然，如果你想联系同一所学校同一个学院的几个老师，最好等一个老师给你明确回复或等了几天却杳无音信之后再联系其余的老师，毕竟同一个学院的老师都认识，如果你同时给几个老师发邮件一旦被老师察觉，就会怀疑你的诚意。



如果你确定了能够去和老师面谈，一定要好好准备，这是展现你个人实力的机会。关于老师会跟你聊些什么，根据我个人的经验，无外乎以下几点：第一，你为什么要读博；第二，你硕士阶段的研究内容及工作亮点；第三，你发表的学术成果的内容，创新点，期刊水平等；第四，你未来读博期间的工作计划及目标。其余的就不那么重要了，可能会和你聊一聊家乡、学校、父母做什么工作之类的轻松话题；也可能会问一些与你个人实验工作相关的内容，比如你在做实验过程中遇到什么困难，你是怎么处理的。回答这些问题不要紧张，抱着聊天的心态就好，让老师觉得你是一个开朗乐观的人。当然，面谈不仅仅是老师问你回答，言谈举止中，你也要尽可能地去了解老师以及其他你想掌握的信息，比如，实验条件如何、会不会延期毕业、有没有出国机会等。聊到最后，一定要问老师，确定老师是否同意你来读博，一定是老师亲口明确答复，同意，这样才行。如果能得到老师这样的答复，基本已经成功了90%。你可能会问，怎么还剩下10%，我要说的是，只要录取通知书不到手，一切就不能放松。该准备的学院正式面试或考试依然要好好准备，该了解的读博信息依然要了解，离成功越近，越要保持紧张。

最后再说两个我认为比较关键的点。

第一，自身实力。申请博士不同于高考或考研初试等硬性考试，考试分数不再是比拼的唯一标准，导师更多看重的是你的科研能力，这就意味着你硕士阶段的学术成果非常重要。目前国内包括上海交通大学在内的绝大部分高校都采取申请考核的方式招收博士生，不需要参加专业课考试，只需要准备面试即可，但如果英语没过六级的话，则需要参加学校自己组织的英语考试。也就是说，你能否成功录取，很大程度上取决于你自身的科研实力及所申请的导师的态度。所以，如果你有读博的打算，首先你要早做准备，尽可能在硕士阶段至少发表的一到两篇自己的学术成果，即便不是专业领域内顶尖的学术期刊，也一定要有。有文章最起码证明不管水平如何，你是能胜任一部分科研工作的，而没有文章则完全无法证明你的科研能力。

第二，人脉关系。一定要充分利用你身边的人脉资源，老师、同学、亲戚、朋友，联系你所能想到的任何人，去打听了解目标高校或专业的各种信息，甚至让他们帮你联系老师。在没有硬性考试的情况下，人脉绝对是使你从众多同等条件竞争者中脱颖而出的关键因素之一。当然，对于部分依然需要进行专业课考试的高校，就需要你自己花费更多的时间去准备。如果是这种情况，也需要你尽可能地去联系老师，争取让他帮你划出考试重点，准备起来就会事半功倍。

以上是我根据我个人经历，分享给大家的一些申请博士的经验，总之，一定要保持信心，早做准备，多多了解信息。最后，衷心祝愿所有拥有赤诚科研心的莘莘学子都能如愿踏入自己心仪的学校，在科研的道路上开疆拓土、披荆斩棘。

**编者评语**



在硕士学习阶段，一些同学可能会萌生出希望继续攻读博士学位的想法，从这到真的申请攻读博士成功必然是需要自身不断努力的。科研能力与科研兴趣是重要的个人因素，硕士期间与导师沟通，听取导师的建议，获得导师的帮助对于申请博士也是重要的因素。科研能力主要体现在硕士期间发表的论文，论文可以体现一个学生的科研思路、学术写作水平等，已经发表一些论文是申请博士必备的条件；针对博士期间的学习计划也是非常重要的，相关材料可以体现个人整体素质、科研能力等。并且一般情况下，博士期间的研究方向与硕士期间的研究方向都是有所联系的，这也一定程度上影响了导师和学校的选择。当然，对于申请博士，如文中所说，还是要结合自身实力，赤心面对科研！

# 后　　记

经过两年的努力收集整理,这本书终于可以和读者们见面啦。

本书中的各个故事都是出于学生本人的手笔,相信其中具体的过程描述、方法介绍、心路历程等都可以使读者对求职求学的经历有更多的了解。这也是我们所希望的。我们希望可以在同学们选择未来的时候给予一些帮助,但仅仅是一些帮助,不可能考虑到每个人的实际情况。临近毕业,很多同学开始面对求职求学的困惑、夜不能寐的焦虑、无法可解的压力,并试图通过询问一些学长学姐、家长和老师等得到帮助,解决自己的问题,并顺利学会面对这些问题的方法。但是遗憾地告诉大家,任何事情都需要自己亲身经历,才能得出自己的方法论。每个人都是独一无二的,其他人的方法或许不能完全帮助你。每个人的性格、能力等都会影响最后的结果。但是知晓前人的经历和建议一定会或多或少带来一些帮助。

当然,方法与努力的结合必不可少,即使听说了一万种方法,还是需要自己踏踏实实地努力才可能得到期望的结果,如果光想不做,遇到困难就退缩,遇到挫折就一蹶不振,那样任何方法都是无用的,自我坚定的信心、坚韧不拔的意志尤为重要。空谈误国,实干兴邦,不论是学习还是工作,付出踏实行动才是硬道理。

本书中记录的最终结果都是找到了工作、找到了学校。这确实是一段人生旅程的终点,同时也是崭新人生的起点,人要向前看,做出选择,并且能够承担相应的未来。生活总是平淡之中伴随着忙忙碌碌,伴随着轰轰烈烈,最终又回归于平静。其间可能遇到很多新的问题,导致心理产生变化,心态的调整尤为重要。新的开始又伴随新的学习,如何适应工作,如何适应科研生活,如何与新的圈子的人们沟通了解学习,如何调整心态,这又是需要掌握的学问。当然这些是后话。

涉及找工作和升学的结果,对工作和学习的认知十分重要,了解自己选择之后的情况也是非常重要的。对于找工作而言,需要选择工作岗位,这个时候,自己可以胜任什么样的工作,不仅要了解自己,还要充分了解工作岗位,不盲目自信也不盲目卑微。但是究竟应该怎么样了解自己?怎样了解工作岗位呢?这和人生的意义一样,都是无解的问题。为了了解这些需要不断努力地尝试,提升自己的软件、硬件实力等。即使对自己有了一点了解,可人又是善变的,不会永远一个样子。因此在变化的过程中,或许适合的岗位也有变化,但是尽心尽力完成自己的工作,寻找人生的快乐,做一个积极向上的人总是不会错的。对于未来要不要继续搞科研呢?这也因人而异,关于继续升学的问题,一些同学在大二、大三的时候就进入实验室开始跟随老师和师兄师姐做实验,这样便是他们了解自己是否有志于科研的途径。能胜任并且能得到快乐,无疑是在工作和学习中都很幸福的选项。但这不是一蹴而就的,可能在工作的过程中,也要思考自己究竟喜欢什么、追求的是什么。有的人终其一生,可能也找不到最热爱的事业,但完全不必为此而感到烦恼。行者常至,为者常成。时间会告诉我们答案,际遇会辅助我们做出选择。

读书，行事，学问万千。大好未来，等待你们的汗水！

我们衷心地希望阅读这本书能够对大家有所帮助，我们希望在求学求职的路上能够帮助到同学们，也希望每位同学能够最终收获到自己想要的未来。

大工至善，大学至真。军工精英，未来可期。加油！